【復刻版 Reprinted Edition】
"Knit Concerto" by Toshiyuki Shimada

嶋田俊之のセーターブック
# ニット・コンチェルト
*Vintage Knitting in Tradition*

伝統を奏でるニット24作品

デザインをしてみたり、好みの糸を探してみたり、編んでみたり…。
編み図を書いてみたり、糸を巻いてみたり…。
そんな毎日は、どれもまだまだ経験が浅く、始まったばかりです。
しかし、今しかできないことも沢山あるようにも思えます。
そして、それらは、今の自分にとっては、大切なことなのかもしれません。

旅をする事や、日々の暮らしの中での出来事。
そこから感じた気持ち。
音を色に託して、思い出を糸に託して、作品を作り続けているうちに、
この本が生まれました。

古い編み物の中には、何も難しいことはしていないのに、
とても素晴らしいテクニックがあったり、
とても素敵なパターンがあったりします。
そのどれもが、ずっと昔に考え出されていたなんて、驚くことばかりです。
そして、そのどれもが、今でも、色褪せることがありません。
新しいものも、古いものも、それぞれにいい。
自分なりにデザインして、自分なりに編んだニット集です。

色合わせや、パターンや、ちょっとしたテクニックなどを楽しみたい、
古い編み物のことも知ってみたい、という人に
少しでも役に立てば、うれしく思います。

広い海や、大きな森の中では、
自分という、ちっぽけな存在は、何ができるのか、と感じます。
人に出会い、温かい心に触れると、豊かな気持ちを感じます。
あたりまえのことのようですが、
そんな気持ちを、これからも、表現できれば、と感じています。

この本に関するご質問はお電話またはWebで
書名／【復刻版】ニット・コンチェルト
本のコード／NV70785　担当／舟生
Tel. 03-3383-0637（平日13：00〜17：00受付）
Webサイト「手づくりタウン」https://www.tezukuritown.com/
※サイト内（お問い合わせ）からお入りください。（終日受付）

★本書に掲載の作品を複製して販売（店頭・WEB・イベント・バザー・個人間取引など）、有料レッスンでの使用を含め、金銭の授受が発生する一切の行為を禁止しています。
　個人で手作りを楽しむためにのみご利用ください。
★この本は、2007年発行の『嶋田俊之のセーターブック ニット・コンチェルト』を復刻したものです。　This original edition was published in 2007.

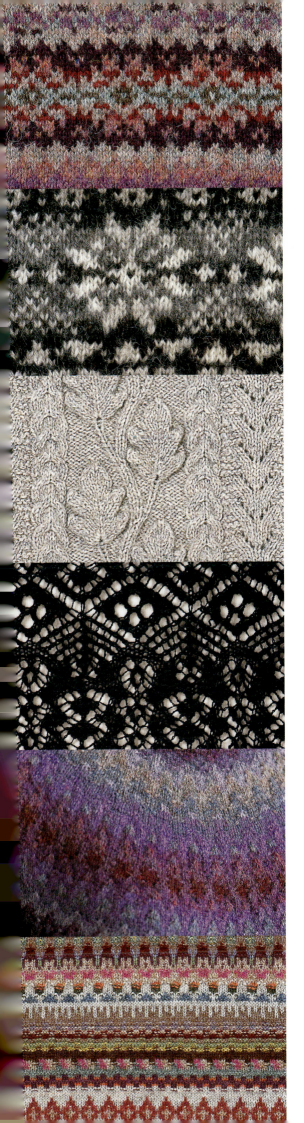

# Contents

## フェアアイルのニットたち...6
バーガンディー・ロンド　*Burgundy Rondo* ...7
森のスケッチ　*Woodland sketches* ...8
スケルツォ　*Scherzo* ...10
白鳥の歌　*Schwanengesang* ...12
岩の上の羊飼い　*Der Hirt auf dem Felsen* ...14
春の日記　*Le journal du printemps*...16
バラード　*Ballade*...18
ジャズ・ウィスタリア　*Jazz Wistaria*...21

## シェットランドのレースたち...22
葉陰をわたる鐘の音　*Cloches à travers les feuilles*...23
春に寄す　*An den Frühling*...24
ミルテの花　*Myrthen*　26
愛の挨拶　*Salut d'Amour*...28

## アランのニットたち...30
ヒースの茂る丘　*Bruyères*...31
西風に見たもの　*Ce qu'a vu le vent d'ouest*...34

## 北欧のニットたち...36

### セテスダール・コフタ
ソルヴェーグの歌　*Solveigs sang*...37

### バスケット編み
森は眠り　*Skogen sover*...38

### ボーヒュース・スティックニング
プリマヴェーラ(春)　*La primavera*...40
花の手紙　*Der Blumenbrief*...42
白夜　*The Midnight Sun*...44

フェアアイル・ニッティング
シェットランド諸島の伝統的技法のポイントガイド...46
作品に使用した糸の紹介...48
編み方...51〜105

# フェアアイルのニットたち

ニットは不思議だ
一本の糸が面になってゆくときにみせる表情
毛糸の持つ質感と色がそうさせるのかもしれない
毛糸には力があるように思える
毛糸には意思があるように思える

風　空　海
野の花
あみものを想えば遠くはるかに心が流れ
遠い人たちに抱かれているようなやさしさ

色と色が混ざり合い、重なり合い、響き合う。一つの色では出すことのできない、思いもよらない力がそこに生まれる。それは、ひとつの音と別の音が、和音のように響き合う音楽のようかも知れない。

フェアアイル・ニットを編み続けてきて、間近にゴールが見えてきたように思うけれど、新しい想いが沸いてきて、見えつつあったゴールは、ずっと向こうに微かにみえるようだ。技術的に、若干の改良された点はあるとしても、基本的には、遥か昔からやってきたやり方を使い、何も新しいことはしていない。でも、終わりがないのは、培われてきた「伝統」の持つ力の性か。忠実に、先人のやり方を守れば守るほど、作品の重みが加わるようにも思えてくる。そして、少しでも、どこかで手を抜くと、最後の最後で、ばれる…。

ニッターの方々に作品製作を手伝ってもらった時があったが、私がお願いしたことは、「きれいな、素直な気持ちで、こころ豊かに編んでください」という事だけだった。実際には、細々とした技術上の指図はしたが、一番大切にしてほしかったことだった。何度かコンクールなどで作品を審査する機会もあったが、この上なくしっかり仕上げられているのに、魅力的でなかったり、逆に、未熟でありながらも、なぜか目を離せない作品もあった。「人」という気持ちを持つ者が編み、また、「人」という気持ちを持つ者が、見たり着たりする。そこに、一番大切な答えが隠されているような気がしている。

色と柄が響きあい、調和することの楽しさと難しさ。近代的な技術は使っていないのに、編む者の満足を満たしてくれるもの。そして魅力的であること。ファアイル・ニットの奥行きと広がりを無限に感じていきたい。

## バーガンディー・ロンド
*Burgundy Rondo*

秋の実り色、黄昏の色、芳醇なワイン色…。
大好きな色をいくつも使いました。
メインになるパターンは、ヴェストにきれい
にはめ込むように、1模様の目数を場所
により調整しています。また、衿周りは、
唐草模様の配置も左右対称に気をくば
って、どこまでもパターンが生かされ、き
れいに納まるように。
フェアアイル・ニッティングの妙を楽しん
でください。
メインのパターンが、何度も繰り返される
様子が、まるで音楽のロンドのように感じ
ました。

◆編み方＝56ページ

## 森のスケッチ
### Woodland sketches

昔見た絵本の中の、不思議の森は、こんな色合いだったような。
柄の納まり、切れ具合にこだわったり、脇下にマチ（ガゼット）をはめ込んだり、後ろ首あたりにイニシャルを入れたり、あちらこちらの細かいところでも、色々と楽しんでみました。
お揃いの帽子は、シェットランドのフェアアイルのスタイルを基本に、耳あて付きに仕上げました。耳あては、無地のメリヤス編みの裏地付き。暖かであるように、見えにくい所までこだわって。
作品のタイトルは、マクダウェルのピアノ曲よりつけました。

◆帽子の編み方＝54ページ
◆セーターの編み方＝51ページ

## スケルツォ
### *Scherzo*

遊び心たっぷりに、たくさんの柄を入れました。衿もルーズめなタートル風にして。以前のニット本『ニットに恋して』の「期待」の元になったオリジナル作品です。

他のフェアアイル作品同様に、袖口と衿口は、フェアアイル本来のやり方で、肩まですべて輪に編み、後からハサミで切り開く方法で編まれています。

タートル風の衿は無くても良く、また、ネック・ウォーマーのように別に編んで、付け衿のようにしても、長いシーズン活用出来ると思います。自由な発想で、楽しんでください。

軽やかな色や軽快なリズム感が、音楽のスケルツォのように思いました。

◆編み方=58ページ

## 白鳥の歌
*Schwanengesang*

ある日、染めていない手紡ぎのシェットランド・ウールの糸を手にしました。カラフルな色糸と共に、ナチュラル・カラー（無染色）の糸は、色に奥行きがあり、好きな色合いです。

時間をかけて細く紡がれた糸の色と分量をいかに上手く使うか…。いつもの好きに色を選んでデザインするのとは違う工程を経て出来上がった作品は、もう一人の自分を発見できたようで、うれしくなった事を思い出します。

色のリズム、柄のリズムを崩さないように、2回と同じ柄を繰り返さず、まるで、サンプラー（見本帳）のようにデザインしてみました。

作品のタイトルは、シューベルトの歌曲よりつけました。

◆編み方=60ページ

## 岩の上の羊飼い
### Der Hirt auf dem Felsen

前ページの「白鳥の歌」から展開させて、ナチュラル・カラー（無染色）に、逆に染色糸ならではのクールなグレーや、甘いベージュなど、より多くの色を入れてみました。全体には、羊をイメージしたナチュラルな味わいですが、2回と繰り返さない柄ならびや、独特のリズムで、シックながらも奥行きを表現しました。柄の配置にも気をくばって。
作品のタイトルは、シューベルトの歌曲よりつけました。
◆編み方＝66ページ

# 春の日記
## *Le journal du printemps*

古典的なOXパターンを変形させ、交互に配し、総柄模様に。総柄模様の楽しさは、編む分量が増えると、始めに予想していたイメージとは違ってきたりすること。羊の天然色のままのナチュラル・カラーを混ぜた色彩の中に、パステル系の色をはめ込んで、土や岩の間から、春一番に芽吹いた小さな花々の印象をもとに、デザインしました。

総柄模様なのでサイズを変更してみたり、Vネックにしてみたり、前開きにしてみたり、デザインを変化させるのも、また楽しいと思います。

作品のタイトルは、J・C・F・フィッシャーのオーケストラ曲よりつけました。

◆編み方=68ページ

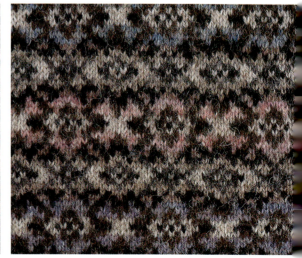

17

## バラード
*Ballade*

まるで、サンプラー（見本帳）のように、16種類もの「スター（星）」を使い、どこまでも、柄のはめ込み方にこだわりました。通常のフェアアイル・ニットのパターンがボーダー柄（横縞）に配置されるのに対し、このスタイルはパネル・ジャージーやノーウィージアン・パターン（ノルウェー風パターン）といわれる縦柄。1つの模様が大きいので、ことごとく柄が切れないように、セーターという形の中にはめ込むことが、より難しくなります。すべてを輪に編み、ハサミで切り開くやり方はもちろん、肩はぎ位置での柄あわせや、身頃と袖の付け根の柄あわせ、袖下の切れ具合、脇下のマチ（ガゼット）、首のくりのために、後ろ身頃しか出てこない柄など、フェアアイル・ニットの楽しさ、細かな配慮は、とどまる所がありません。
物語風に思える柄や色合いは、音楽のバラードのように思いました。

◆編み方＝63ページ

## ジャズ・ウィスタリア
*Jazz Wistaria*

ネガ・ポジの配色と1目市松模様の編み込み。この柄は、それ自体で完成されている総柄模様のように思えます。たくさんの色を入れなくとも、十分に素敵ですが、色糸をたくさん使って編んだところ、シェットランドではその昔、まるで音楽のジャズのようと言われるようになりました。

ダイヤ柄の中には、規則正しく限られた柄を繰り返しますが、今回は、たくさんの種類の柄を編み込んでみました。大好きなスモーキーな薄ピンクや薄紫を基調に、それらがほんのり浮き立つようなツイード調のダーク・トーンをあわせて。衿ぐり、袖ぐりなど、柄の切れ具合にもこだわりました。

お揃いのてぶくろは、甲側にスター（星柄）をはめ込み、手の平側はシード・パターン（細かな連続模様）を入れて。指の色を変えたり、指先まで編み込みにしてみたり、楽しくアレンジしてください。

◆手袋・ミトンの編み方＝70、72ページ
◆ヴェストの編み方＝74ページ

# シェットランドのレースたち

シェットランド・レースを編む時間。それは、特別なものだ。ウールの糸には親しんでいても、これほど細い糸を通常使うことは稀で、まるで針に糸が架かっていないかの様な空気感があり、軽すぎて逆にコントロールが難しくなる。また、複雑な柄は両面から操作するので、間違っても糸を解くことにも注意が必要だが、それだけに出来上がった時の悦びは計り知れない。

細い線である糸が、編んで面になり、膝の上に編み溜まる。その不思議な幸福感はいったい何なのだろう。編地はこんなに軽いのに、心のなかにはずっしりとした満足感が残る。複雑な柄を考え出した古人への尊敬の念と、それらをアレンジしていく無限の可能性へ挑戦する愉しみ。そして、早く編み終えたい気持ちと共に、次はいつ、この柄を編むときがやって来るのかを考え、一抹の寂しささえ覚える。ひとつの作品を仕上げる間に、自分自身のなかで、いくつものドラマが繰り広げられる。

極めるには、大変なことが出てくるのは、何に於いても同じだと思う。しかし、まずは楽しむこと、そしてチャレンジする自分をほめてあげてほしい。編んでみて、初めて会得する技術的なことにも増して、心で捉えるたくさんの事は、編み上げた編地の面積よりもはるかに大きなものになっているだろう。そして、編みあがった喜びとともに、作品は様々な想いを込めて針を進めた自身の、その時の媒体としていつまでも残るものだと感じている。

編み物をデザインするだけではなく、時間を割いてでも自分で編みたいと思う理由は、納得のいくように編みたいから、という理由に加え、自分で編んでこそ、人に細かくお伝えできる、というだけではないように思う。自分の手の中から、美しい編み地が編み溜まる幸福感と共に、「編んでいる時間」、そのものがとても好きなのだ。いつしか、没頭して無心になれる時間。それは、まるで祈りにも似た気持ち。すべての物事が早く流れ、様々な事が起こる世の中で、小さな安らぎであり、祈りであり、今、よく言われる癒しかもしれない。染織家とも交流するようになったが、重要無形文化財保持者の方に、何かの流れでそのような話をしたら、着尺を織る前には、必ずお祈りをして織り機に向かうという。それは、上手く織り上げることが出来るように、という祈りであり、織らせてもらえる感謝の気持ちだ。今も昔も、悩みは尽きぬもの、そして、美しさへの憧れも尽きぬものでは、と感じる。ヨーロッパの昔の人々も、たとえ編み物が、時には貧窮を乗り越える手段であった時代だとしても、編む事で得られる幸福感をどこかに感じていたと信じている。

間違わぬように、ひとり静かに針を進めながら、伝承され、発展を遂げてきたことへの恩恵を、いつの時代も忘れずにいたい。そして、自分自身の手から生まれ出る美しいものへの憧れの気持ちと感動を、一人でも多くの人と分かち合いつつ、お伝えできればと願いながら…。

## 葉陰をわたる鐘の音
*Cloches à travers les feuilles*

木の葉柄は、大好きな1つのテーマ。色んな作品に登場してきました。一度編んでみたかった葉っぱの模様の透かし柄に、シェットランド・レースで有名なリング・ステッチをあわせてみました。葡萄の葉とぶどうの実に、または木の葉と小さな実に見えるかもしれません。
連続模様の美しさが、いっそう引き立つようにシンプルなデザインにしてみました。
お願いして染めてもらった、草木染のカシミヤ100パーセントのオリジナルの糸を使いました。
草木染は、日焼けや退色に気を使うもの。でも、草木染ならではの色の奥行きは、やはり他の染色技術では出せません。それゆえ、年齢に左右されることなく、どなたの肌の色にも馴染むのでは、と思います。
また、カシミヤ独特のとろけるような肌触りは、シェットランド・ウールとはまた違う贅沢さ。パーティー・シーンなど、洋装和装を問わず楽しんでいただける色とサイズに仕上げました。
作品のタイトルは、ドビュッシーのピアノ曲よりつけました。
◆編み方=76ページ

## 春に寄す
*An den Frühling*

センター・パネルに有名な「蜘蛛の巣」と「蜘蛛」のパズル・パターンを、両脇には、シェットランド諸島の中でも、特にレースで有名なアンスト島の「ダイヤモンド格子」と、私のお気に入りの1800年代のアンティーク・ストールから復元された柄をはめこみました。
技術的には、ガーター編みなので、表目のみ。あとは、かけ目、左上2目一度、右上3目一度など、基本的なものばかりです。仕上げは、一度軽く洗い、本来は木枠などに張って仕上げますが、絨緞や畳の上でピンを打って仕上げましょう。
編み上げた柄がはっきりと現れてきて、楽しい仕上げのプロセスです。
カジュアルからパーティー・シーンまで、季節に関係なく、一年を通して活躍すると思います。
作品のタイトルは、シューベルトの歌曲よりつけました。

◆編み方=78ページ

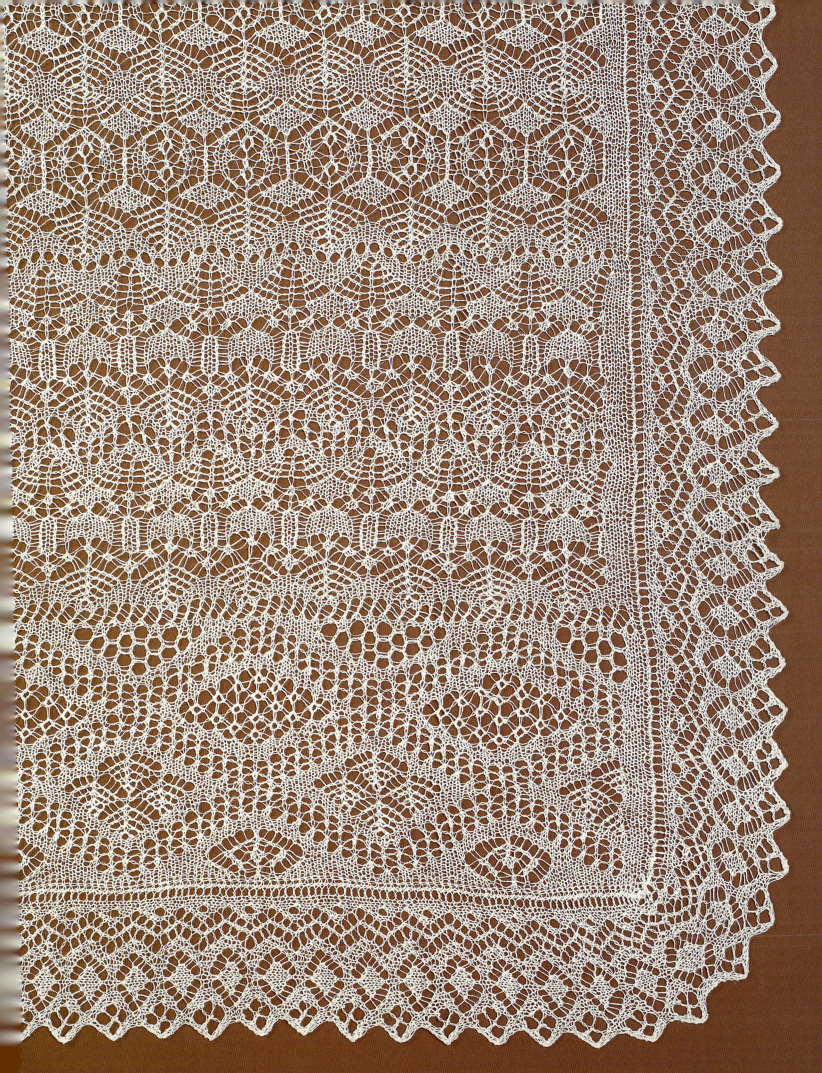

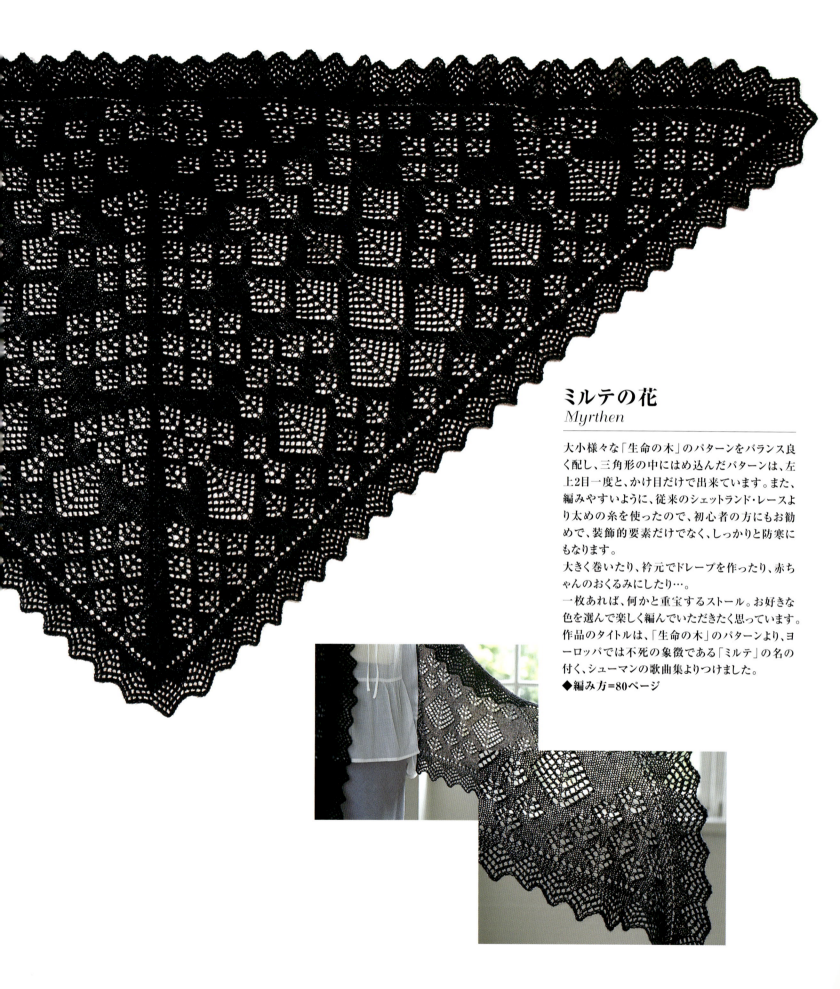

### ミルテの花
*Myrthen*

大小様々な「生命の木」のパターンをバランス良く配し、三角形の中にはめ込んだパターンは、左上2目一度と、かけ目だけで出来ています。また、編みやすいように、従来のシェットランド・レースより太めの糸を使ったので、初心者の方にもお勧めで、装飾的要素だけでなく、しっかりと防寒にもなります。
大きく巻いたり、衿元でドレープを作ったり、赤ちゃんのおくるみにしたり…。
一枚あれば、何かと重宝するストール。お好きな色を選んで楽しく編んでいただきたく思っています。
作品のタイトルは、「生命の木」のパターンより、ヨーロッパでは不死の象徴である「ミルテ」の名の付く、シューマンの歌曲集よりつけました。

◆編み方=80ページ

## 愛の挨拶
*Salut d'Amour*

大きく分けて、2つの部分からなるパターンですが、そのなかに、たくさんの柄をはめ込みました。幅広いシチュエーションと年齢層を考えて、スカラップ（縁飾り）は裾と袖口のみにし、大人っぽさとロマンティックなイメージに仕上げました。

編み上がってから、少し張りぎみにピンを打ち、しっかりスチーム・アイロンをかけて仕上げます。本来、ショール用の糸を使用しましたので、大変軽く仕上がりました。

ボタンの数や形で個性を出したり、また、ボタンが無くても、シンプルでレース模様がより引き立つでしょう。どの色よりも奥行きのある黒。独特な透け感と、繊細なはかなさを楽しんでいただきたいと思っています。
作品のタイトルは、エルガーのピアノ曲よりつけました。

◆編み方＝82ページ

# アランのニットたち

*Vintage Knitting in Tradition*

イギリスの西隣り、アイルランドの西海岸に位置する3つの島からなるアラン諸島。アラン・セーター発祥の地であるこの島は、厳しい自然の中、ケルト文化が今でも色濃く息づき、岩とわずかに覆う土で出来ている。夏はアイルランド系アメリカ人の、心の故郷として詣でる人達を中心に、一日に何百という旅行者が訪れる景勝の地として賑わうが、私は誰一人いない、冬の厳しさの中に身を置いてみたかった。それはアラン・セーターに重ね合わせ、想い描いてきた私の中の風景だったからだ。

岩を砕いた土と海草で作物を育て、カラッハと呼ばれる独特の小船で漁をしていた彼らだが、崖を打ち砕く波しぶきをみていると、生きるためにこの海に小さな船を出すのは、正気ではないように思われた。ダン・アンガスという広大な石作りの要塞を持った断崖絶壁に立ち、目の前に見えるのは、低く垂れこめた雲と荒々しい海の境目さえわからないグレー一色の世界。それは最果ての地の名にふさわしく、ヨーロッパ大陸がまるでぷっつりと、そこで終わってしまっているかのように思えた。昔の島民は、同じ場所に立ち、目の前に広がる大西洋を見つめ、その先にある新大陸アメリカでの豊かな暮らしを思い焦がれたのかもしれない。

アラン・セーターは、アイルランド最高のケルトの宝とされている福音書、「ケルズの書」の中に描かれた人物が着ている衣服の中に、すでに見る事ができるという説がある。けれども何世紀も前の古いアラン・セーターは、どこにも残っていない。実際には、イギリスの海岸に点在する漁村で受け継がれてきた、ガンジー・セーターの流れを汲みつつ、アメリカに仕事で訪れていた島の女性が、簡単な縄編みの技術を持ち帰り、発展してきた。意外にも、今のアラン・セーターの形になったのは、1900年代に入ってからとされている。

歴史的には、他の伝統ニットよりは随分新しいが、だからといって、ケーブル（縄編み）用の別針までを使い、編み出される「ニットの彫刻」の魅力が色褪せる事はない。ダイナミックな縄編みのパターンは、古代ケルト芸術に見られる複雑な模様のモチーフと深く結び付いているし、彼らの民族性と創意工夫、情熱があったからこそ、私たちは、その恩恵を受ける事が出来るのだろう。

ノスタルジックなアイリッシュ・ミュージックが、静かに自然を謳い上げ、時には、楽器同士が寄り添い合うように、つかずはなれず軽妙にメロディーを演奏する。それは絡み合いながら、まっすぐにどこもでも延びて行くアラン・ニッティングのパターンそのものの様に思えてならない。アラン諸島の、吹き荒れる風の中で、そんな事を考えた。

## ヒースの茂る丘
### Bruyères

ダブリン市内で見かけたご婦人が、エレガントに着ていたアラン模様のジャケット。時代を超えた、素朴でさりげない装いは、振り返りたいほどに素敵でした。
古いアラン模様の中に時折見られるオープン・ワーク(透かし柄)に、オリジナルの鋸(のこぎり)型の木の葉模様をバランスよく配しました。どこまでも伸びる感じを出したくて、エポーレット(肩章形)に仕上げました。後ろ身頃は背中心に木の葉模様を入れています。脇中心にも柄が入るので、袖付け位置までは、前後身頃を続けて編みます。軽さを求めて、シェットランドから取り寄せた糸を使いました。
意外とどんな色とも相性が良いのは、羊本来の天然色の成せる業でしょうか。ワードローブの定番として、末永く愛用していただきたいと思っています。
ジャケットの中の柄を使ってお揃いの帽子を編みました。柄自体が小さくなって、トップへの減目の調整をします。
作品のタイトルは、ドビュッシーのピアノ曲よりつけました。

◆編み方=85ページ

# ヒースの茂る丘
## Bruyères

◆ジャケットの編み方＝85ページ
◆帽子の編み方＝105ページ

## 西風に見たもの
*Ce qu'a vu le vent d'ouest*

中央の複雑に絡み合ったケーブルを中心に、ツリー・オブ・ライフ（生命の木）、ブラック・ベリー、ダイヤモンド、ラダー・オブ・ライフ（人生のはしご）、ボッブル、ジグザグ…。アイルランドの博物館で見た昔のアラン・セーターの様に、前・後身頃と袖の柄をバランス良くすべて変え、約20種類のパターンを編み込みました。

旅先で見た何百というアラン・セーター…。白のアラン・セーターはおみやげ屋さんに山と積まれているイメージが私の中では強く、素敵で満足できる乳白色の糸もあまり出会えませんでした。

作品の糸は、アイルランドのミル（製糸工場）にお願いして、特別に作ってもらいました。羊の天然色そのままのライト・グレー、微かに残るアラン・ニット独特のオイルの加減と匂い。着ごこちを追求して弾力性のある軽い糸にしてもらいました。糸の到着を、まだかな？と考えていると、「先週は嵐の日が続き、今週は川の水がずっと濁ってしまっていますので、原毛が洗えなくて作業が遅れています。ごめんなさい。」というようなメッセージが届いたりします…。無染色の糸なので、届くたびに、微妙に色が違いますが、天然素材、手作業のよさ、と思っています。

丈を長くしたり、衿のデザインを変えたり、パターンの配置を換えてみたり…。その方なりに、一目一目楽しんで編んでいただきたいと思っています。

作品のタイトルは、ドビュッシーのピアノ曲よりつけました。

◆編み方＝89ページ

# 北欧のニットたち

セテスダール・コフタ、バスケット編み、ボーヒュース・スティックニング

Vintage Knitting in Tradition

ノルウェーのオスロにある北方民族博物館に保存されている夥しい数のセテスダール・コフタを特別閲覧で見せていただいた。どれもこれも同じように見えて、柄の配置や刺繍の図案、金具のデザインなど、ふたつとして同じものはない。そして、それぞれのコフタ（セーター）の編地の表情も全部違う。コフタの数だけ編み手が時間をかけて一目一目編む。そしてそれを着る人がいる。手で編んだものを身に付ける限定した対象者がいるということ自体、今の時代では希少なことになりつつあるのかもしれない。そんな素朴な感動や疑問に思いを馳せて、改めて手作りの原点のような所に立ち戻ったような気持ちになった。

北欧では、生活の中で使われる多くのものが、自然素材の良さを最大限に引き出したようなスタイルで作られている事が多く感じられる。この上なくシンプルだが、飽きが来ず年中使える家具や上質なリネンなど…。白樺の皮や蝦夷松などの素材で作られたカゴは、彼らの生活の中で、毛糸を入れるだけではなく、きのこ狩りのときも、ピクニックのときも、また、あらゆる食材や物を盛るものとして、古くから生活に密着して使われてきた。

バスケットに似せたニットの編み地は、いつ頃から編まれていたのかは、各専門書を紐解いても意見はまちまちのようだが、スウェーデンの博物館には、とても古いソックスが、増減目を巧みに使い、ふくらはぎから足首にかけて見事にぴったり添うように編まれたものが残っている。それは、赤と黒で編まれたもので、今の時代でも十分に通用するようなモダンな感じに思えた。

スウェーデンに残る、ボーヒュース・スティックニングの中でも特に有名なのが、丸ヨークのセーターと言えるだろう。糸を編地の裏面で横に渡しながら編むフェアアイルの技法を使いながら、幾何学模様の中に、所々裏目を入れていく。その表面の編地は、独特な効果を持ち、とても繊細な表情を醸し出す。編み込む糸の本数も、従来のフェアアイルと違い、何本もの糸を同時に渡しながら編み込み、色数も多いものでは何十色になる様は、まさに芸術品の域にまで到達していることを感じずにはいられない。衿部分の複雑な編み込みとは対照的に、身頃や袖は無地のメリヤス編みにまとめられていることで、いっそうヨークが際立って美しい。オリジナルは、あまりに細い糸なので、丸ヨークの外周部分では、500目以上になったと言われている。すべては首側から輪に編み、編み込みの複雑さとは反対に、ヨーク部分に増し目の段が3〜4回しかない。前後身頃の首のくりを作るための台座にあたる部分を引き返し編みで整え、その後、目と段の拾い目や、とじはぎをすることなく見事に身頃と袖を編み出していくテクニックは、簡単でありながら、ニットならではの特徴を最大限に生かしたものになっている。

最近、仕事柄たくさんの方々の生の声を聞く機会が増えた。クラフト界での低迷が心配される昨今だが、私はそれらが払拭される日が遠くないことを密かに期待し、また安堵感すら抱いている。編み物好きの方がたくさんいらっしゃる事実、そして、その方たちのただならぬ情熱を感じるからだ。決して消えることのない小さな灯し火が、全国にいっぱいあることを実感している。いつも私が呼びかけてきたことのひとつ、編み物はとてもまじめであると同時に遊びの要素がいっぱい含まれていること、そして、怖がらずに作り出す喜びを味わってほしい。編むこと自体がすべてではなく、編んでいる時間の中から何かを感じることが大切だと…。

## ソルヴェーグの歌
*Solveigs sang*

「セテスダール・コフタ」と呼ばれるノルウェーのニット。黒地に点々と広がる白色の1目模様から、しらみのセーターと愛称でも呼ばれています。元来、作業着として編まれたセーターでしたが、今では、略礼服がわりにもなる、といわれているほど親しまれています。伝統ニットの中には、耐久性や装飾性を見事に併せ持ったデザインのものがあり、現代の私たちの手で、改良やデザイン性を向上させる余地を持たないほどに、完成された美しさにまで到達しているものがあります。細かな編み込みのバランス、白と黒のコントラスト。これ以上に手を加えることを拒んでいるかのようです。
オスロの博物館に残されたコフタの模様を、無染色の黒と生成りの糸を使い、出来るだけ再現してみました。オリジナルでは、身頃裾の白一色だったところはネガ・ポジで柄を入れ、今の私たちの生活に馴染むように。また、裾や手首はフェアアイル風の編み込みのゴム編みにし、ダブル仕立てにしました。身頃を長くしたい場合は、ルース(しらみ・白色1目の編み込み)部分を長めにすることも可能でしょう。いつまでも決して飽きのこないセーターだからこそ、一目一目丁寧に編んでいただきたく思っています。
作品のタイトルは、ノルウェーの作曲家、グリーグのピアノ曲よりつけました。

◆編み方=92ページ

## 森は眠り
*Skogen sover*

スウェーデンに古くから伝わるバスケットに似た編み方で。スウェーデンの上質な毛糸を使いました。段染めのようにグラデーションになっているもので、どなたにもしっくり馴染む色の奥行き、飽きの来ない色合いは、羊本来の自然色だけが持つものだと思います。

ロングピッチの段染めの糸を使う時は、グラデーションの具合がきれいに出るように、糸つなぎや色の濃淡の流れに気をつけながら編みます。

アクセサリーやマフラーなどとの収まりの良さを考慮して、胸元はメリヤス編みですっきりさせました。

作品のタイトルは、スウェーデンの作曲家、アルヴェーンの歌曲よりつけました。

◆編み方=95ページ

### プリマヴェーラ（春）
*La primavera*

スウェーデンで見た、花が咲き乱れる様子や緑の森に映える白樺の木々、そこに木漏れ日が降り注いで…。忘れられない光景を、たくさんの可愛らしい色を使って春らしくデザインしました。

丸ヨークのスタイルで有名なボーヒュース・スティックニングですが、この作品のように、前身頃全面に編み込みを配し、後身頃をメリヤス編みだけで仕上げたデザインもまた、人気があり、数多く残されています。幾何学模様を編み込みながら、所々に裏目を入れて立体感のある編み地にしていきます。昔から北欧では、身を守るおまじないとして、ウエスト部分に市松模様の編み込みを入れたことも思い出し、デザインしてみました。

春に恋焦がれて待ち続ける気持ちは、私たちの中にもあるものだと感じています。色と編地の変化を楽しみながら、編んでいただきたいと願っています。

後身頃に編みこんだイニシャルのパターンを、サンプラー（見本帳）風に編みました。メリヤス刺繍ではなく、すべて編み込みますが、練習にもなります。壁に飾ったり、インテリアにしても。

作品のタイトルは、ヴィヴァルディの室内楽曲よりつけました。

◆ヴェストの編み方=98ページ
◆サンプラーの編み方=104ページ

# 花の手紙
*Der Blumenbrief*

色の組み合わせの中でも、茶系とパープル系は好きなトーンのひとつ。特に、ベージュとラヴェンダーやモーヴ（薄紫）など…。そんな色合いを使って、秋らしく、年齢を問わず着られるように、落ち着いた色調にしてみました。

色数が多く、編み込みに適したシェットランド・ヤーンを使い、微妙に違う紫を中心に、幾重にも色を重ねて、首のほうから輪に編んでいきます。複雑に見えますが、フェアアイルの編み方で、一段ごとに2色のみの糸を編み込みながら裏目の表情をつけて行きます。増し目をする段も伝統のやり方で、3回しかありません。引き返し編みで前下がりの首のくりを作り整えたら、あとはメリヤス編みのみです。紫陽花、桔梗、藤、すみれ、リンドウ、ラヴェンダー、ライラック、アネモネ…。万華鏡のように七変化する紫色の持つ奥深さ、色の幅に驚きつつ、色んな花のことを考えながら編んだら、まるで花束を抱えているようなセーターになりました。作品のタイトルは、シューベルトの歌曲よりつけました。

◆編み方=100ページ

## 白夜
*The Midnight Sun*

北欧で見た夏の薄ぼんやりした深夜の夕暮れは、神秘的で美しく、日本で仰ぐそれと同じものとは思い難いほどのものでした。特に、スウェーデンのダーラナ地方で見た、シリアン湖の向こうに、島々のシルエットを浮かび上がらせながら黄昏れるあかね雲の表情は、刻々と移ろいゆく中で不思議な翳りの色を湛え、感動的ですらありました。暮れなずむ夕日の情景を、イメージとしてニットの中に止めて置きたかったのです。
フェアアイルの技法を使いながら、所々に裏目を入れ、首側から編み進み、引き返し編みで前下がりの首のくりを作り整えます。丸ヨークはそれ自体、子供っぽくなりがちなので、どなたにでも似合う白夜の薄明かりの空の色、羊の天然色のグレーでシックにしてみました。素敵なボタンを見つけてください。
作品のタイトルは、チャイコフスキーのピアノ曲よりつけました。

◆編み方=102ページ

# フェアアイル・ニッティング

シェットランド諸島の伝統的技法のポイントガイド

この本では前あきや袖ぐり、衿ぐりの間に切りしろを入れてすべて輪に編み、
切り開くというシェットランド本来の技法で編んでいます。
現地でも細かい部分の処理の仕方は人それぞれのやり方があり、少しずつ違う部分があります。
ここではこのようにまとめましたが、慣れたやり方、やりやすい方法で編んでください。

◆作り目…棒針で編みつける方法

**1**
糸を結んでわを作ります。

**2**
わの中に左針を通します。
(1目め)

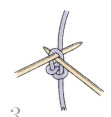

**3**
左針にかかった目の中に右針を入れ、

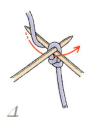

**4**
表目を編む要領で糸を引き出します。

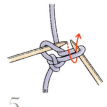

**5**
右針にかかった目をねじりながら左針に移します。
(2目め)

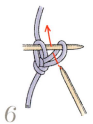

**6**
1目めと2目めの間に右針を入れます。

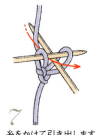

**7**
糸をかけて引き出します。

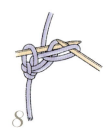

**8**
右針の目を左針にねじりながら移すと3目めの出来上がり。6から8の要領で目を作ります。

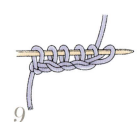

**9**
最後のループは左針にかけます。1段めの出来上がりです。

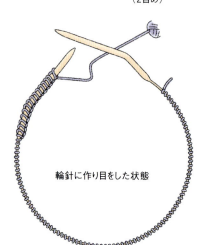

輪針に作り目をした状態

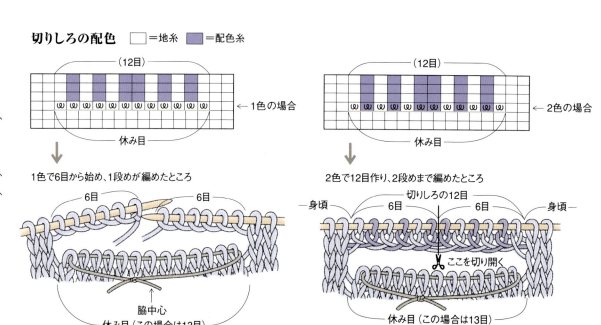

**10**
2段めを編むときは、糸が右側にくるように裏に返して編み始めます。

◆編み始め位置…セーター、ベストは左脇線から、カーディガンは右前端から編み始めます。

◆色替えの糸のつなぎ方…地糸は地糸、配色糸は配色糸どうしで結びつなぎます。

◆切りしろの編み方

切りしろは巻き増し目で12目作り、各段の地糸と配色糸で図のように縦縞に編みます。ただし、1色で編む段の場合は1色で編みます。左袖ぐり脇線の編み始め位置の場合は6目作り、前身頃を編み、右袖ぐり側12目作り、後身頃を編み、段の最後に6目作ります。カーディガンなど前あきの場合は、同要領に右前端の切りしろ6目で始め、左前端の6目で終わります。
袖ぐり・衿ぐりの減目は切りしろと身頃端の目を、切りしろが上になるように2目一度に編みます。

切りしろの配色　□=地糸　■=配色糸

←1色の場合
1色で6目から始め、1段めが編めたところ

←2色の場合
2色で12目作り、2段めまで編めたところ

◆**肩はぎ**…中表に合わせて棒針またはかぎ針で引き抜きはぎします。(棒針の引き抜きはぎは74ページ参照)糸は目立たない色糸または地糸色1本を使います。袖ぐりの切りしろ12目を半分の6目と6目に折ったところから始め、後衿ぐりがある場合もない場合も、すべてを続けてはぎ合わせます。

後衿ぐりがある場合は、袖ぐりの切りしろ6目と6目どうしに続き、前後肩、続けて後衿ぐりと前衿ぐりの切りしろ12目どうしをはぎます。糸を切らずにもう片方の前後肩、残りの袖ぐりの切りしろ6目と6目をはぎ合わせ、糸を引き抜いて終えます。

後衿ぐりがない場合は、袖ぐりの切りしろ6目と6目に続き、前後肩をはぎ、前衿ぐりの切りしろ12目を伏せ止めし、続けてもう片方の前後肩と残りの袖ぐり切りしろの6目と6目をはぎ合わせます。その際、後ろ衿あきは別糸に通して目を休めておきます。

◆**衿・前立て・袖の目の拾い方**

12目の切りしろを中央で6目と6目に切り開き、衿や前立て、袖、袖ぐりのゴム編みを編み出します。拾い目は図のように切りしろとの境を拾います。

休み目と全部の段から1目ずつ拾い、指定のある場合は2段目でその目数になるように分散減目します。

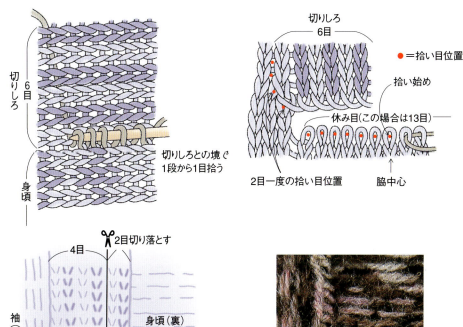

◆**切りしろの始末**

1. 6目の切りしろのうち、端の2目を切り落とします。12目の切りしろを6目6目に切ってから別の作業をしているうちに少しほどけてきますが、ここで2目分を切り落とすので大丈夫です。また、順にまつっていくので、切り落としは少しずつしたほうが余計にほどけず良いでしょう。

2. 図のように端2目を内側に折り込み、半目をすぐ下の編み地の渡り糸と裏目と一緒に表にひびかないようにすくい、とじます。すくった切りしろの半目が倒れて、編み地裏側の渡り糸と合体したようになり、美しく仕上がります。始めと終わりの3つ折りになっている部分もかがります。まつる糸は地糸の色、もしくは目立たない色糸にします。

コツは薄く編み地の裏面をすくうこと。すくう位置は慣れですが、うまくいかないと表面がタックを取ったようになります。ときどき表面の様子を確かめながら進めます。

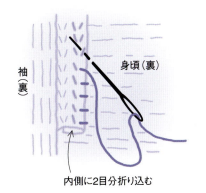

始末をした表情

◆**糸始末**…とじ針を使い、1本ずつ左右に振り分けて始末します。渡り糸を割って、または編み地を薄くすくって糸端を通します。余分な糸端は仕上げのあとで切ります。

◆**仕上げ**

出来上がったら水またはぬるま湯で軽く洗います。湿り気が残る程度に脱水し、竿に通して干します。この時、左右の袖、身幅、丈などをメジャーで確かめ、希望のサイズにおさめます。シェットランドのセーター類はぬれている間にサイズを多少大きくすること（編み地をのばす）は比較的簡単で、編み目を美しくすることも出来ます。反対にサイズを小さくするのは難しく、せっかくの品質を変えることにもなりますので、控えたほうが良いでしょう。好みでスチームアイロンをかけて編み目を落ち着かせ、切りしろをまつったところは裏から少しつぶし気味にアイロンをあてて落ち着かせます。

## 作品に使用した糸の紹介（糸の写真は実物大）

| バーガンディー・ロンド | 森のスケッチ | スケルツォ | 白鳥の歌 | 岩の上の羊飼い |
|---|---|---|---|---|
| 濃紫 | 濃赤 | 赤 | ナチュラル・黒 | ナチュラル・黒 |
| 濃赤 | 深紫 | 濃紫 | ナチュラル・グレー | ナチュラル・グレー |
| こげ茶 | 濃ブルー | 紫 | ナチュラル・ベージュ | ナチュラル・薄グレー |
| 茶 | こげ茶 | 霜降り赤 | ナチュラル・生成り | ナチュラル・茶 |
| 赤ミックス | 緑 | 明るい紫 | ナチュラル・白 | ナチュラル・濃ベージュ |
| 霜降り赤 | ミックス薄紫 | 茶 | | ナチュラル・ベージュ |
| オレンジ | 薄ブルー | 霜降りベージュ | 中細タイプのシェットランドヤーン | ナチュラル・生成り |
| 薄オレンジ | 薄ピンク | 薄緑 | | 白 |
| | | | | グレー |
| | | | | 生成り |
| | | | | 薄ベージュ |
| | | | | 甘茶 |
| | | | | こげ茶 |
| | | | | 霜降り黒 |

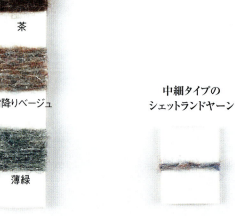

◆色名はできるだけ統一していますが、作品ごとにわかりやすいことを優先し、一部同じ色糸でも作品により異なる色名がついているものもあります。
◆作品に使用した色を撮影していますが、メーカーの都合で現在では一部すでに廃番になっているものもあります。
◆ナチュラルカラー（無染色）のものは自然の色そのままなので、若干の色の違いがある場合もあります。
◆印刷物のため実際のものと色が多少異なる場合があります。

## ソルヴェーグの歌

ナチュラル・黒
ナチュラル・生成り

## 森は眠り

## プリマヴェーラ

左列：生成り / 薄ベージュ / 甘茶 / 赤 / 霜降り赤 / ピンク / オレンジ / 黄
右列：薄緑 / 黄緑 / 緑 / 茶 / 紫 / 薄ピンク / 薄紫 / 水色

## サンプラー

生成り / 黄 / ピンク / 紫 / 霜降り赤 / 薄緑 / こげ茶

## 花の手紙

薄ブルー / 霜降りベージュ / 薄ピンク / ミックス薄紫 / 明るい紫 / 紫 / にぶい紫 / ミックス紫 / 深紫 / 茶

## 白夜

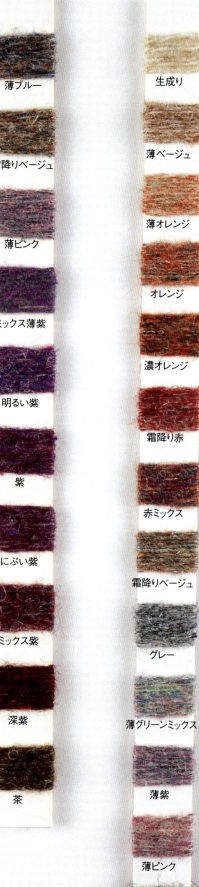

生成り / 薄ベージュ / 薄オレンジ / オレンジ / 濃オレンジ / 霜降り赤 / 赤ミックス / 霜降りベージュ / グレー / 薄グリーンミックス / 薄紫 / 薄ピンク / 濃グレー

p.09

## 森のスケッチ

◆用意するもの
糸...中細タイプのシェットランド・ヤーン
深紫100g、濃赤65g、薄ブルー60g、緑55g、こげ茶50g、ミックス薄紫、薄ピンク各45g、濃ブルー35g。
針...棒針3号、2号。

◆できあがり寸法
胴囲99cm、丈60.5cm。ゆき丈75cm。

◆ゲージ（10cm平方）
編み込み模様 34目×36段。

◆編み方ポイント
1. 身頃は裾で作り目をして肩まで輪に編みます。編み込み模様1段めの増し目は前段の渡り糸をねじって編み、編み込みは糸を横に渡す方法で編みます。前袖つけ丈が1段多いので、前身頃と左右の切りしろ各6目を86段まで編み、糸を切ります。
2. 肩をはぎ合わせて、袖は身頃の袖つけ丈とまちの休み目から目を拾って輪に編みます。袖下は中心で1目立て、その両側で減目しながら袖口まで編みます。編み終わりは目なりに伏せ止めします。
3. 衿は衿ぐりから拾い目して編み込み2目ゴム編みで輪に編み、袖口と同要領に止めます。
4. 切りしろと糸の始末をし、仕上げをします。

p.52・53へ続く

A...濃赤
B...深紫
C...濃ブルー
D...こげ茶
E...緑
F...ミックス薄紫
G...薄ブルー
H...薄ピンク

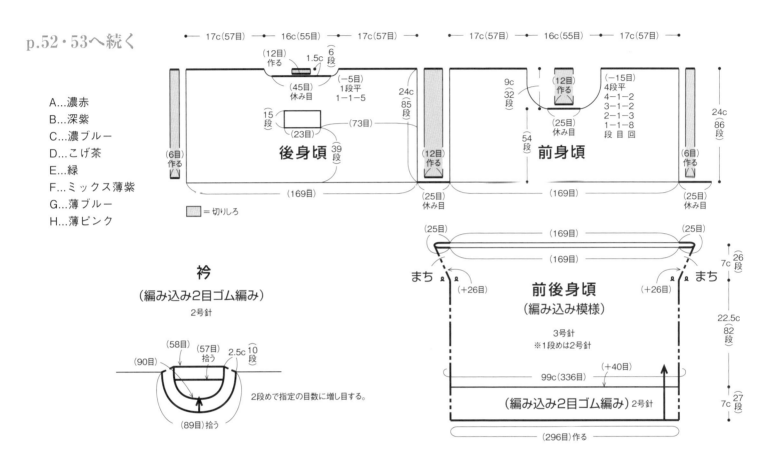

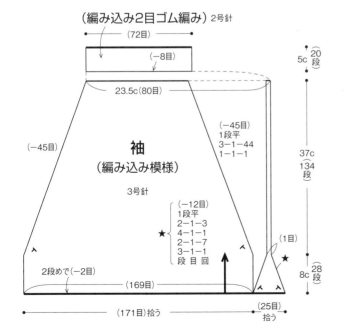

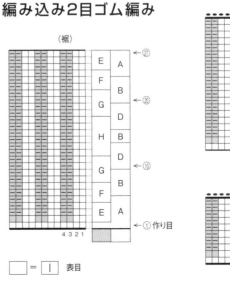

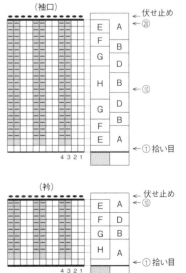

※伏せ止めは表目は表目に、裏目は裏目に編んで止める。

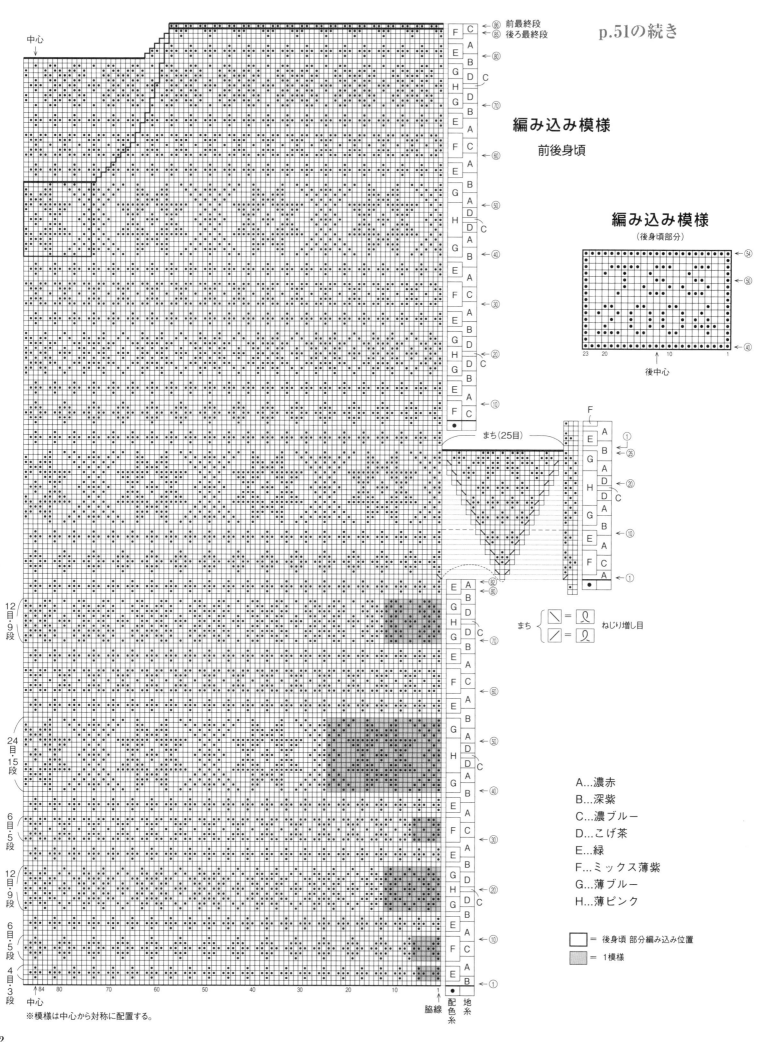

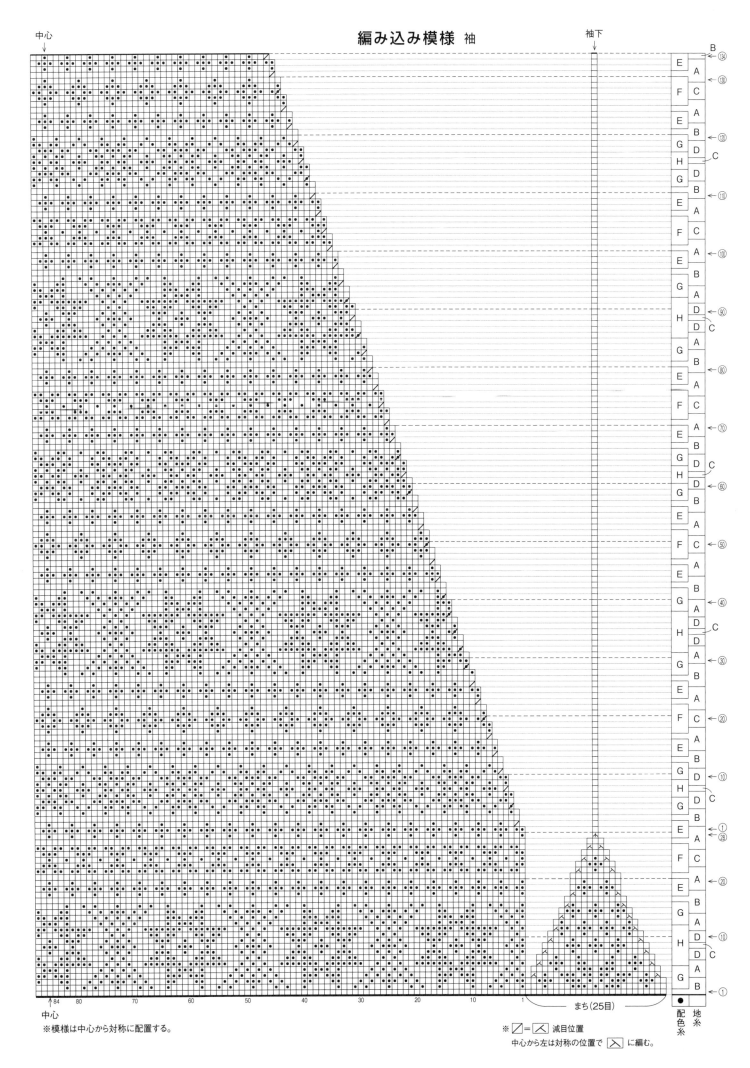

p.08

## 森のスケッチ・帽子

◆用意するもの
糸…中細タイプのシェットランド・ヤーン
濃赤30g、深紫、薄ブルー、薄ピンク各10g、濃ブルー、こげ茶、緑、ミックス薄紫各5g。
針…棒針3号、2号。

◆できあがり寸法
頭回り56cm、深さ19.5cm。

◆ゲージ（10cm平方）
メリヤス編み34.5目×42段、編み込み模様34目×36段。

◆編み方ポイント
1. 指定のコードを作っておきます。耳あての内側と外側とも指でかける作り目から編み、編み終わりは休み目にします。内側の最終段は前段の渡り糸をねじって4目増し目します。内側と外側を1枚ずつセットにして、コードをはさんですくいとじします。
2. 帽子本体は別鎖と耳あての休み目から拾い目して輪に編みます。耳あての目は外側と内側を左上2目一度のように重ねて拾います。トップまで編んだら、残りの12目に糸を通してしぼり止めします。
3. 別鎖をほどいて拾い目し、前後それぞれに縁編みをします。編み終わりは伏せ止めし、編み地なりのくるんとした根元にまつり、耳あてのサイドにもまつります。
4. ポンポンとタッセルをつけて仕上げます。

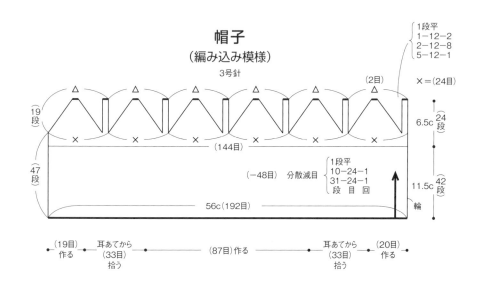

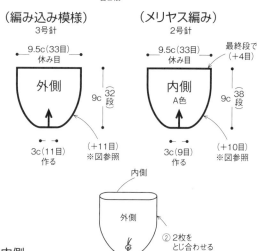

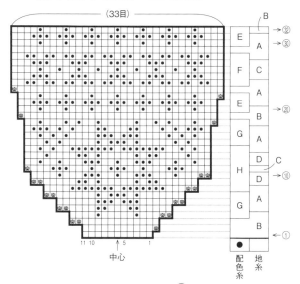

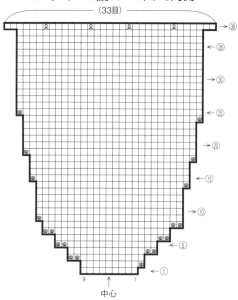

A…濃赤
B…深紫
C…濃ブルー
D…こげ茶
E…緑
F…ミックス薄紫
G…薄ブルー
H…薄ピンク

(Ω) = 巻き増し目
(ℚ) = ねじり増し目

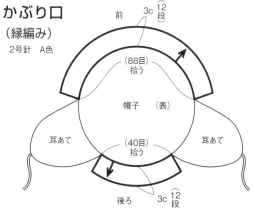

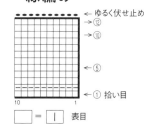

耳あての裏表

## 編み込み模様 帽子

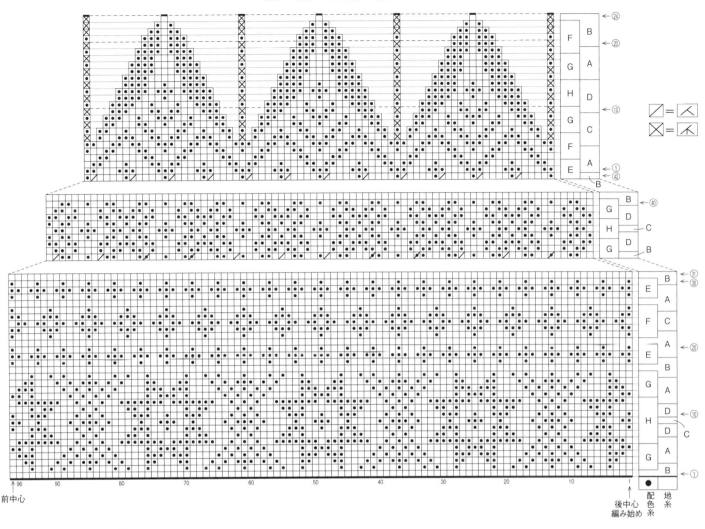

### まとめ

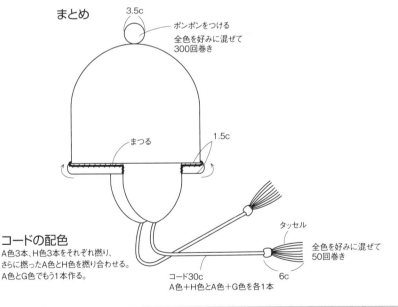

### コードの作り方

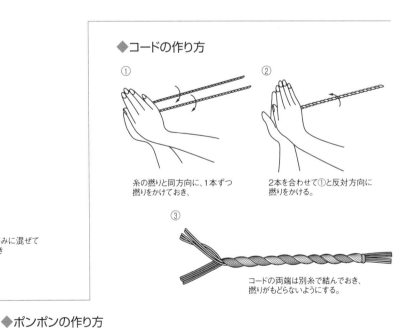

### コードの配色
A色3本、H色3本をそれぞれ撚り、さらに撚ったA色とH色を撚り合わせる。A色とG色でもう1本作る。

### タッセルの作り方

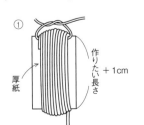

### ポンポンの作り方

## p.07
### バーガンディー・ロンド

◆用意するもの
糸…中細タイプのシェットランド・ヤーン
こげ茶、オレンジ各50g、濃紫45g、霜降り赤30g、濃赤、茶、赤ミックス各25g、薄オレンジ15g。
針…棒針3号、2号。

◆できあがり寸法
胸囲96cm、背肩幅37.5cm、丈63.5cm。

◆ゲージ（10cm平方）
編み込み模様 35目×36段。

◆編み方ポイント
1.裾で作り目をして編み込み2目ゴム編み、編み込み模様と肩まで輪に編みます。編み込み模様1段めの増し目は前段の渡り糸をねじって編みます。前袖つけ丈が1段多いので、前身頃と左右の切りしろ各6目を92段まで編み、糸を切ります。
2.肩をはぎ合わせ、袖ぐりは身頃から拾い目して編み込み2目ゴム編みで輪に編み、編み終わりは目なりに伏せ止めします。
3.衿は衿ぐりから拾い目して、袖ぐりと同要領に編み、止めます。
4.切りしろと糸端の始末をします。

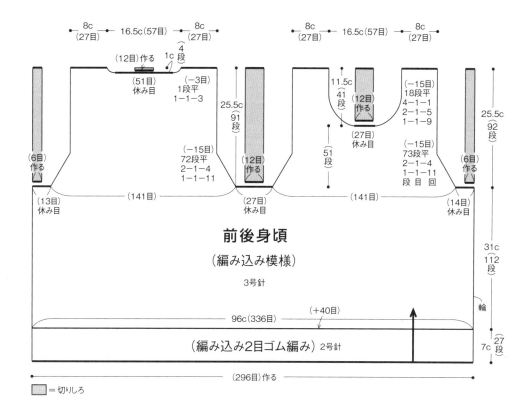

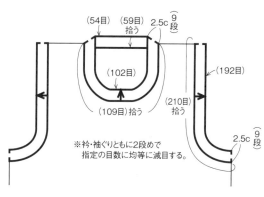

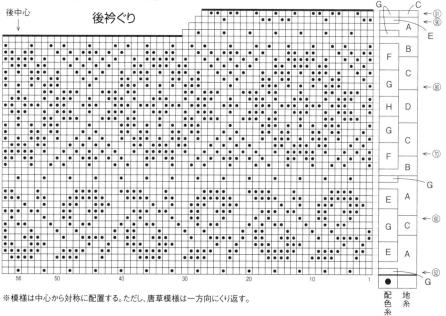

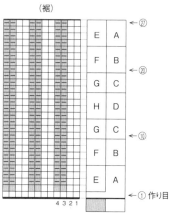

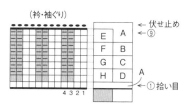

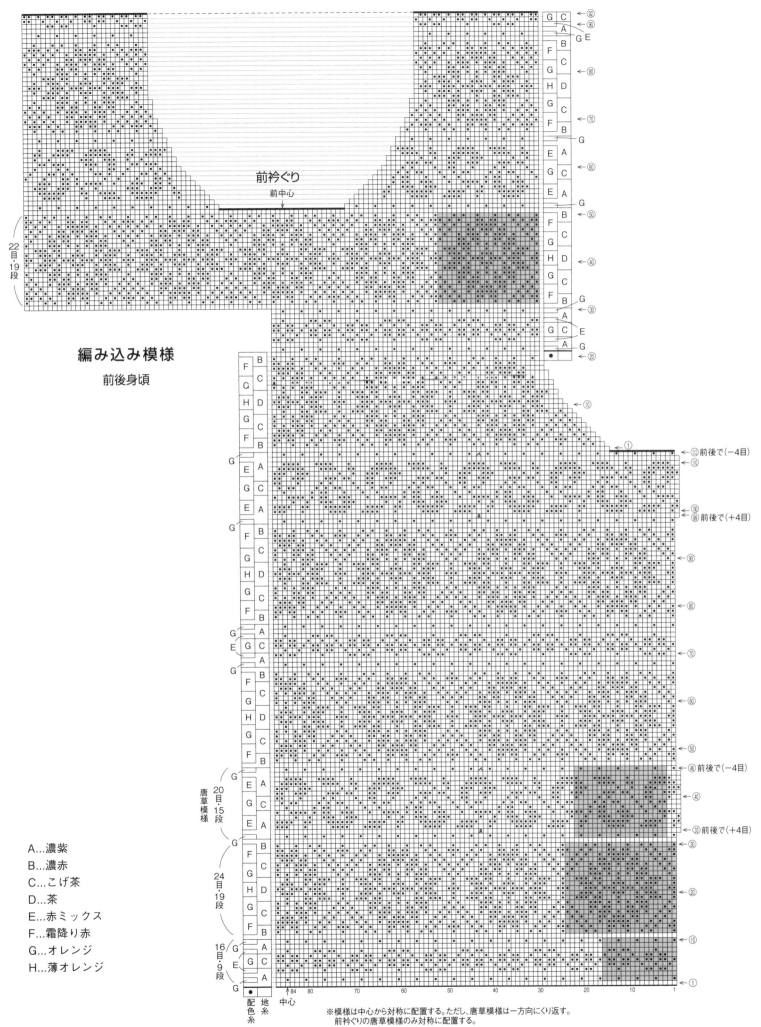

## スケルツォ p.11

◆用意するもの
糸…中細タイプのシェットランド・ヤーン
赤65g、霜降りベージュ55g、霜降り赤、茶、薄緑各40g、濃紫35g、紫30g、明るい紫20g。
針…棒針3号、2号、1号。
その他…ボタン3個。

◆できあがり寸法
胸囲99cm、背肩幅39cm、丈63.5cm。

◆ゲージ（10cm平方）
編み込み模様 34目×36段。

◆編み方ポイント
1.裾で作り目をして肩まで輪に編みます。編み込み模様1段めの増し目は前段の渡り糸をねじって編みます。前袖つけ丈が1段多いので、前身頃と左右切りしろ各6目を92段まで編み、糸を切ります。
2.肩をはぎ合わせ、袖ぐりは身頃から拾い目して編み込み2目ゴム編みで輪に編みます。編み終わりは目なりに伏せ止めします。
3.衿は衿ぐりから拾い目して2目ゴム編みとメリヤス編みで輪に編みます。続けて衿折り返しを編みますが、折り返したときに編み地の表が出るようにし、両端は表目3目にして編み込み2目ゴム編みを往復編みします。編み終わりは袖ぐりと同要領で止めます。衿折り返しの両サイドに持ち出しを編みます。衿側は2枚とも衿の休み目とはぎ合わせ、縁側はA色で端に引き抜き編みをして、衿折り返しの伏せ止めとすっきりつながるようにします。
4.切りしろと糸の始末、仕上げをします。

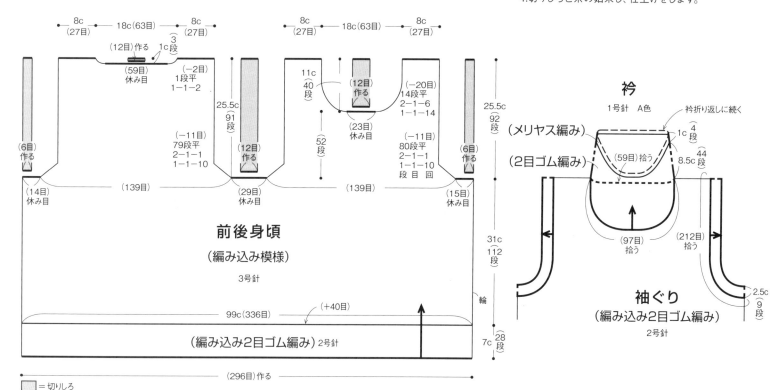

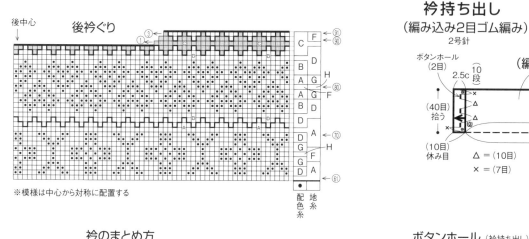

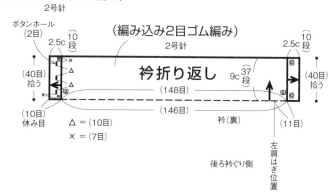

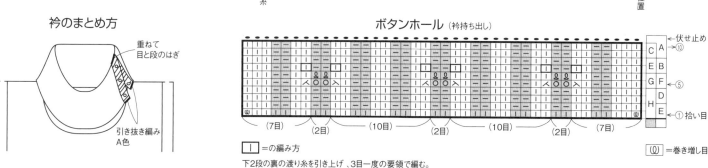

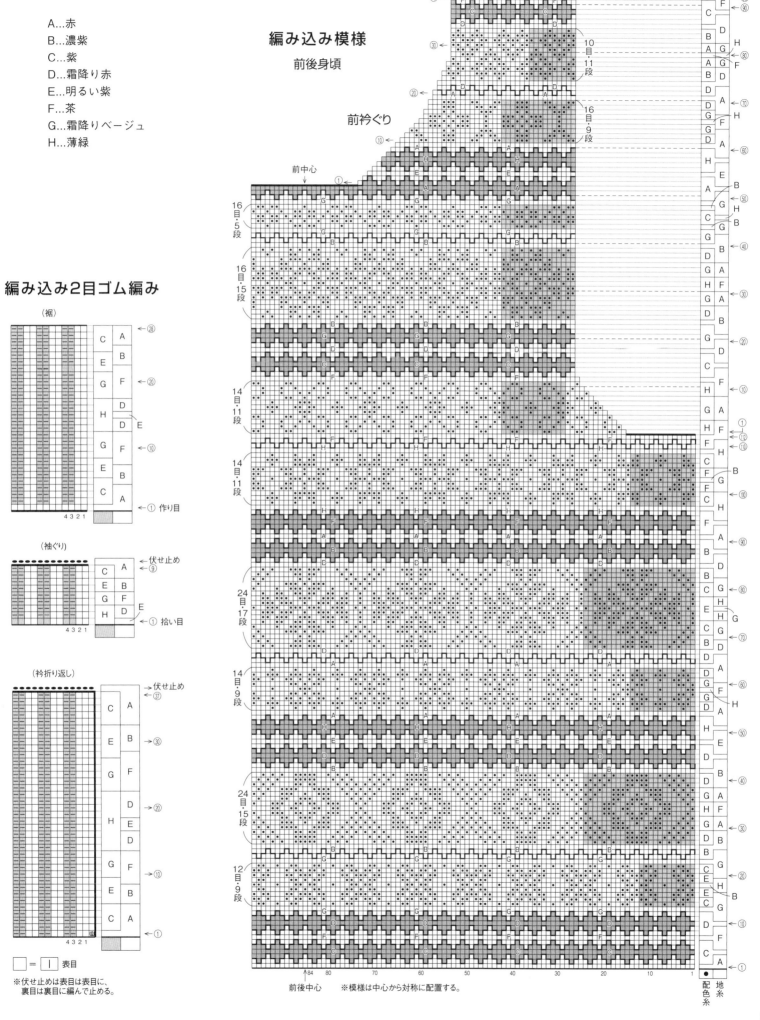

p.13

## 白鳥の歌

◆用意するもの
糸...中細タイプのシェットランド・ヤーン
ナチュラル・黒215g、ナチュラル・グレー110g、ナチュラル・生成り90g、ナチュラル・白85g、ナチュラル・ベージュ45g。
針...棒針4号、3号。
その他...直径1.5cmのボタン8個。

◆できあがり寸法
胸囲108cm、丈60cm、ゆき丈74.5cm。

◆ゲージ（10cm平方）
編み込み模様 32目×32段。

◆編み方ポイント
1.身頃は裾で作り目をして、肩まで輪に編みます。編み込み模様1段めの増し目は前段の渡り糸をねじって編みます。後袖つけ丈が1段多いので、77段まで編んだらいったん糸を切り、軽く結んでおきます。後身頃と左右の切りしろ6目ずつだけを1段編み、糸を切ります。
2.肩をはぎ合わせて、袖は身頃から拾い目して輪に編みます。編み終わりは目なりに伏せ止めします。
3.衿、前立ての順に編み、編み終わりは袖口と同要領に止めます。かぎ針で前立ての両端1目内側に黒で引き抜き編みをすると、衿の伏せ止めとつながり、輪郭が整います。
4.切りしろと糸の始末をし、仕上げをします。

A...ナチュラル・黒
B...ナチュラル・グレー
C...ナチュラル・ベージュ
D...ナチュラル・生成り
E...ナチュラル・白

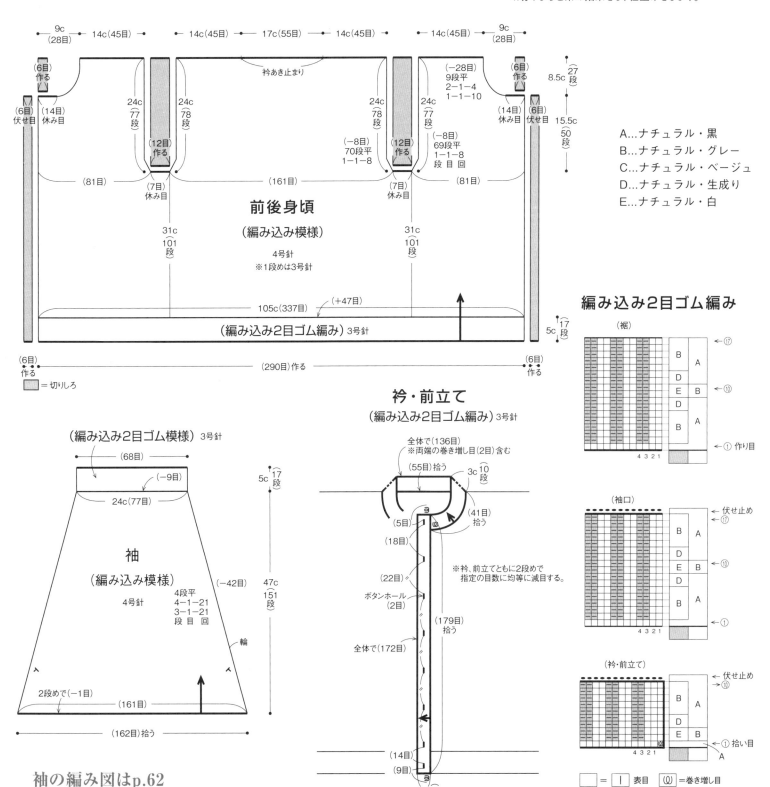

袖の編み図はp.62
ボタンホールの編み図はp.66

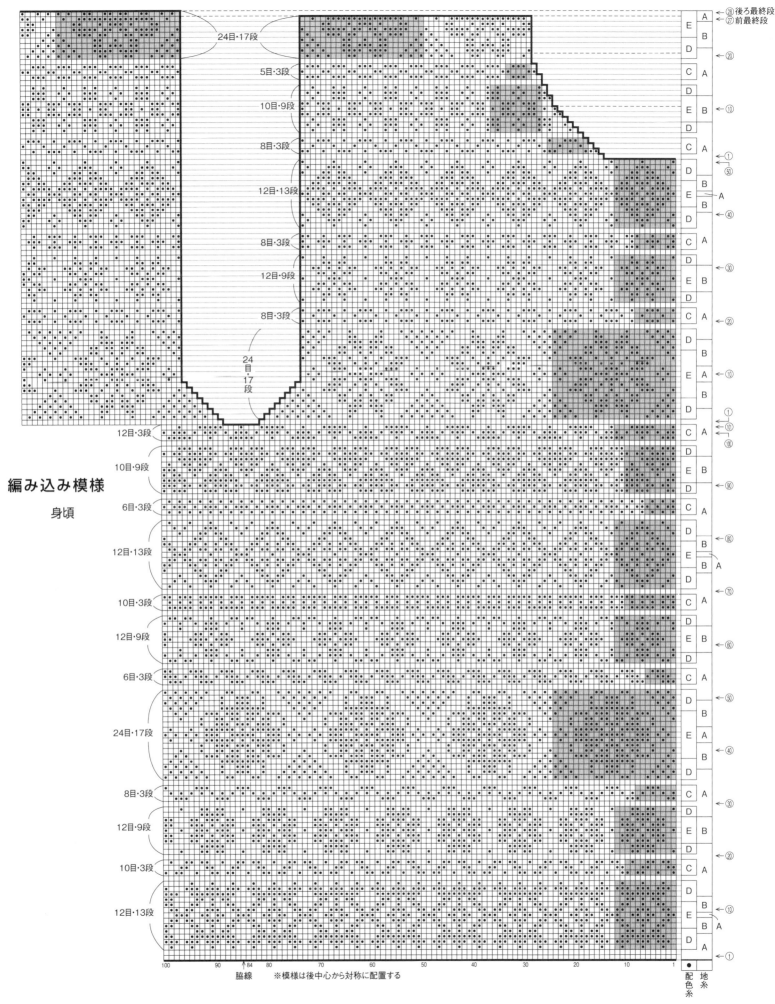

p.60の続き　　　　　　　　　　　編み込み模様 袖

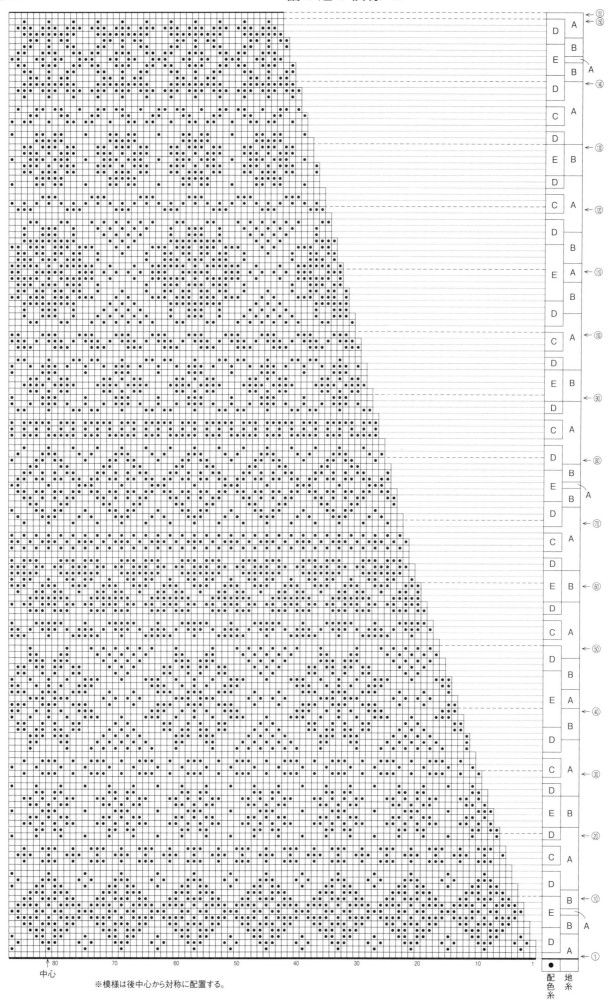

↑80 中心　　　※模様は後中心から対称に配置する。

p.19

## バラード

◆用意するもの
糸...中細タイプのシェットランド・ヤーン 濃赤125g、深紫80g、薄紫75g、こげ茶70g、霜降りベージュ60g、薄ブルー、ブルー各50g、濃ブルー35g、薄ピンク30g。
針...棒針4号、3号。

◆できあがり寸法
胴囲105cm、丈63.5cm、ゆき丈77cm。

◆ゲージ（10cm平方）
編み込み模様 32目×35段。

◆編み方ポイント
1.裾で作り目をして肩まで輪に編みます。編み込み模様1段めの増し目は前段の渡り糸をねじって編みます。袖つけ丈の1段目で切りしろと身頃の間で前段の渡り糸をねじり増し目します。後袖つけ丈が1段多いので、91段まで編んだらいったん糸を切って結んでおきます。後身頃と左右各6目の切りしろだけを1段編んで糸を切ります。
2.肩をはぎ合わせて、袖は身頃とまちの休み目から拾い目して輪に編みます。袖下で1目立てて、その両側で減目し、袖口まで編み、編み終わりは目なりに伏せ止めします。
3.衿は衿ぐりから拾い目して輪に編み、袖口と同要領に止めます。
4.切りしろと端の始末をし、仕上げをします。

A...薄ピンク
B...薄紫
C...霜降りベージュ
D...薄ブルー
E...ブルー
F...濃ブルー
G...深紫
H...濃赤
I...こげ茶

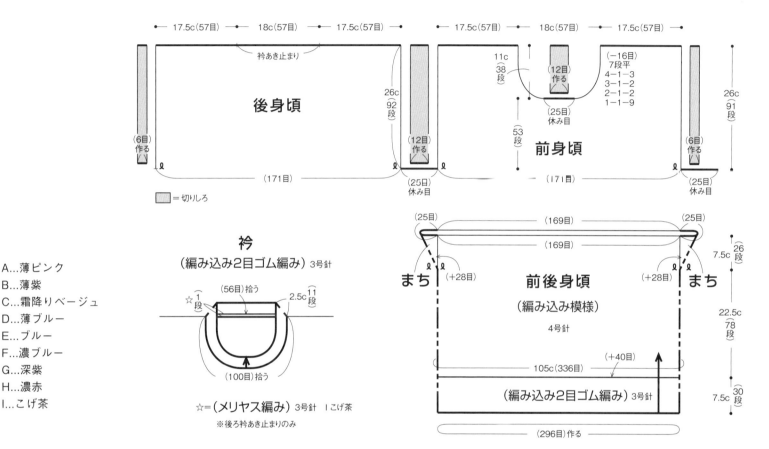

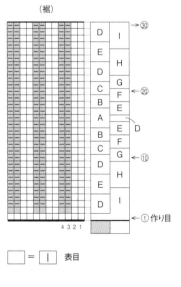

p.64・65へ続く

＝表目

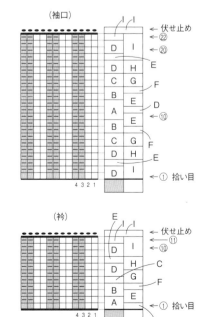

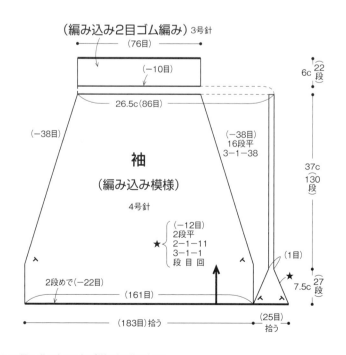

※衿と袖口の最終段は、2本のI（こげ茶）で、それぞれ表目と裏目をフェアアイルで編み、伏せ止めはI（こげ茶）1本で止める。
※伏せ止めは表目は表目に、裏目は裏目に編んで止める。

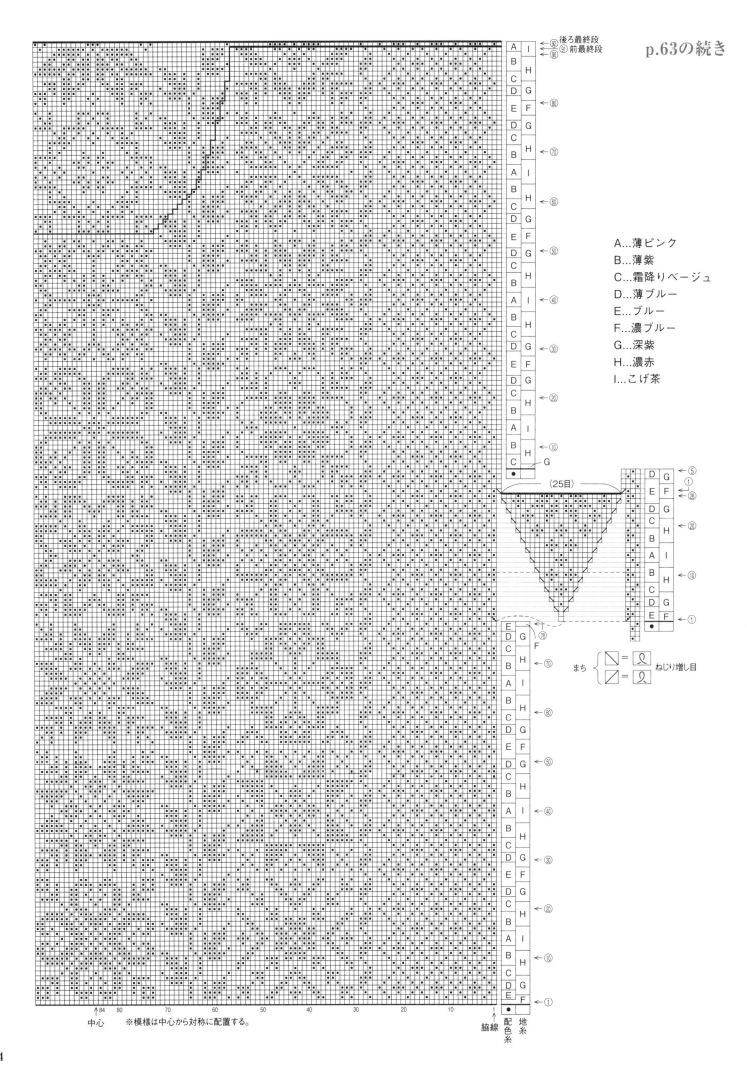

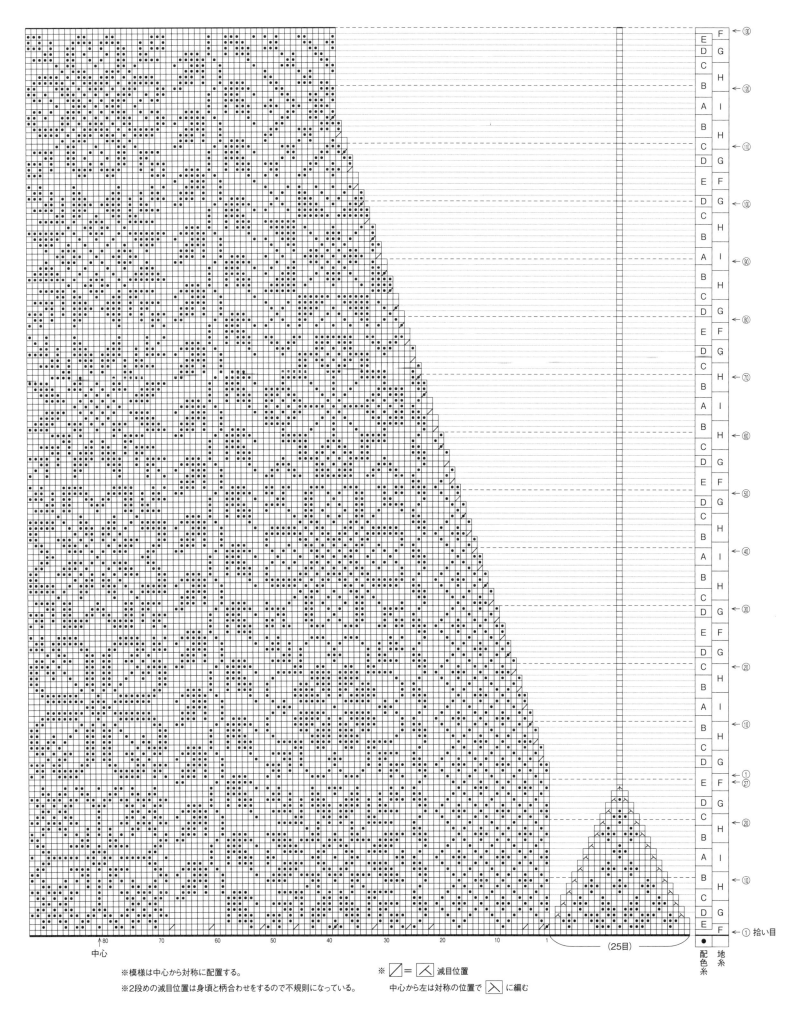

※模様は中心から対称に配置する。
※2段めの減目位置は身頃と柄合わせをするので不規則になっている。

※ ╱ = ⋏ 減目位置
中心から左は対称の位置で ⋏ に編む

## 岩の上の羊飼い

p.15

◆用意するもの
糸…中細タイプのシェットランド・ヤーン
ナチュラル・グレー50g、ナチュラル・薄グレー40g、ナチュラル・茶35g、生成り30g、ナチュラル・生成り、薄ベージュ各25g、ナチュラル・黒、ナチュラル・濃ベージュ、ナチュラル・ベージュ、白、こげ茶各20g、グレー15g、霜降り黒10g、甘茶5g。
針…棒針4号、3号。

◆できあがり寸法
胸囲105cm、背肩幅39cm、丈61.5cm。

◆ゲージ（10cm平方）
編み込み模様 32目×33段。

◆編み方ポイント
1. 裾で作り目をして肩まで輪に編みます。編み込み模様1段めの増し目は前段の渡り糸をねじって編みます。後袖つけ丈が1段多いので、81段まで編んだら糸を切って軽く結んでおき、後袖つけ頃とその左右切りしろ6目ずつだけを1段編み、糸を切ります。
2. 肩をはぎ合わせて、袖ぐりは身頃から拾い目して編み込み2目ゴム編みで輪に編み、編み終わりは目なりに伏せ止めします。
3. 衿は衿ぐりから拾い目して輪に編み、袖ぐりと同要領に止めます。
4. 切りしろと糸の始末をし、仕上げをします。

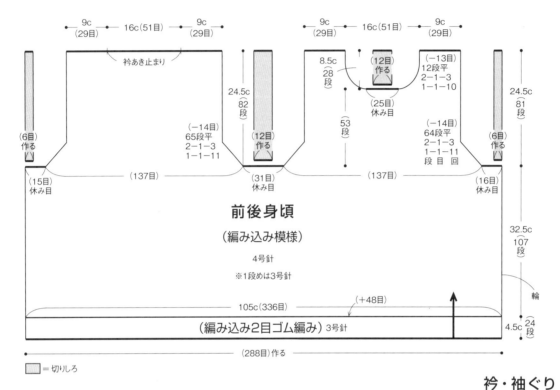

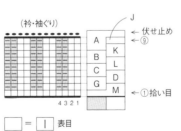

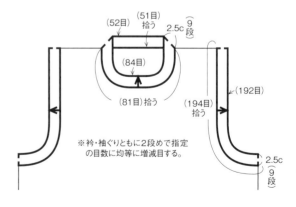

### p.60の続き

ボタンホール（左前立て）

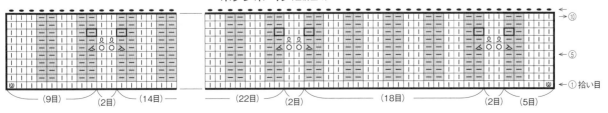

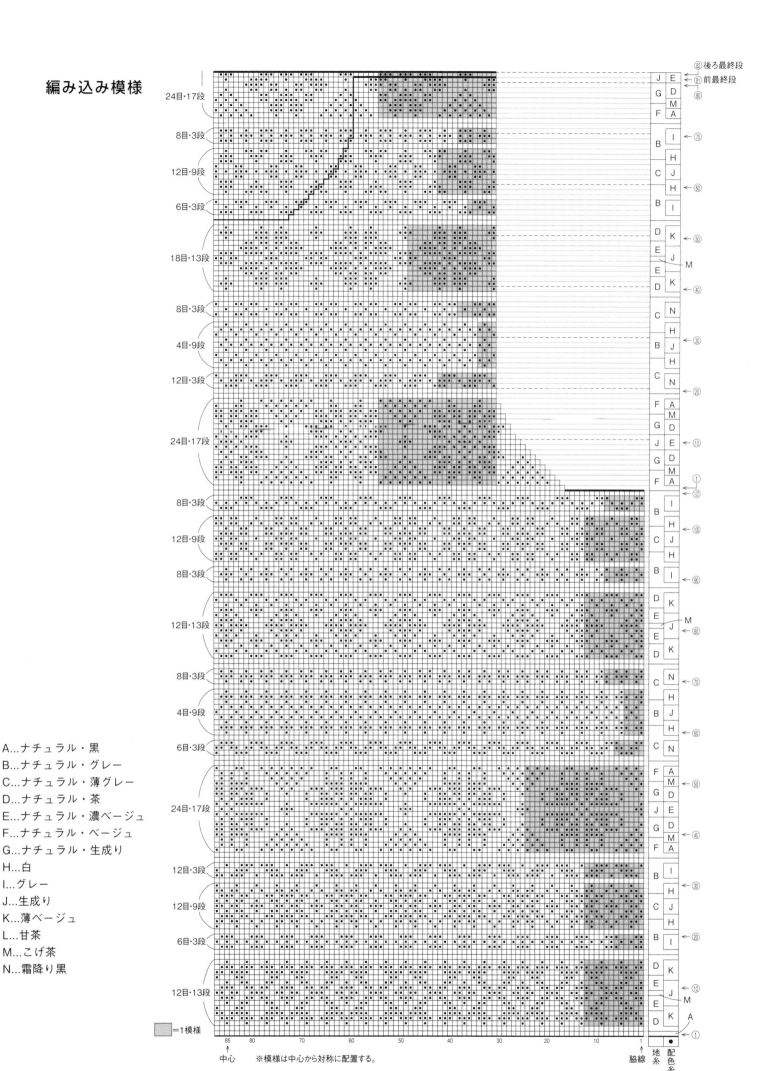

p.17

## 春の日記

◆用意するもの
糸…中細タイプのシェットランド・ヤーン　ナチュラル・黒65g、生成り45g、茶40g、薄ピンク35g、ナチュラル・グレー30g、甘茶25g、薄ベージュ20g、ナチュラル・ベージュ15g、薄ブルー、薄紫、薄緑、薄黄各5g。
針…棒針3号、2号。

◆できあがり寸法
胸囲98cm、背肩幅40cm、丈60cm。

◆ゲージ（10cm平方）
編み込み模様 33目×34段。

◆編み方ポイント
1.裾で作り目をして肩まで輪に編みます。編み込み模様1段めの増し目は前段の渡り糸をねじって編みます。後ろ袖つけ丈が1段多いので、80段まで編んだらいったん糸を切って結んでおきます。後身頃と左右各6目の切りしろだけを1段編んで糸を切ります。
2.肩をはぎ合わせて、袖ぐりは身頃から拾い目して編み込み2目ゴム編みで輪に編み、編み終わりは目なりに伏せ止めします。
3.衿は衿ぐりから拾い目して輪に編み、袖ぐりと同要領に止めます。
4.切りしろと糸の始末をし、仕上げをします。

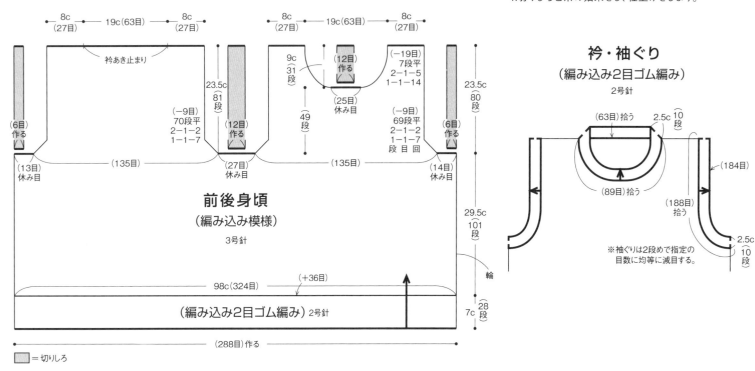

p.102の続き

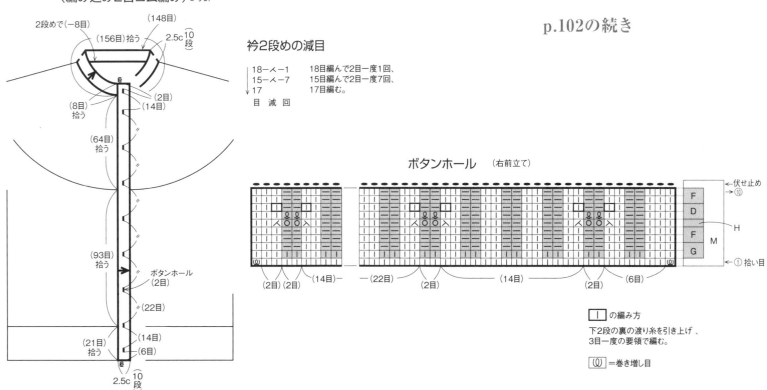

A…ナチュラル・黒
B…ナチュラル・グレー
C…茶
D…甘茶
E…薄ベージュ
F…ナチュラル・ベージュ
G…生成り
H…薄ピンク
I…薄ブルー
J…薄紫
K…薄緑
L…薄黄

編み込み2目ゴム編み

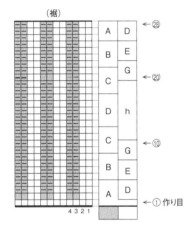

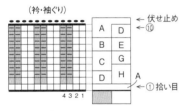

□ = | 表目

※伏せ止めは表目は表目に、裏目は裏目に編んで止める。

編み込み模様

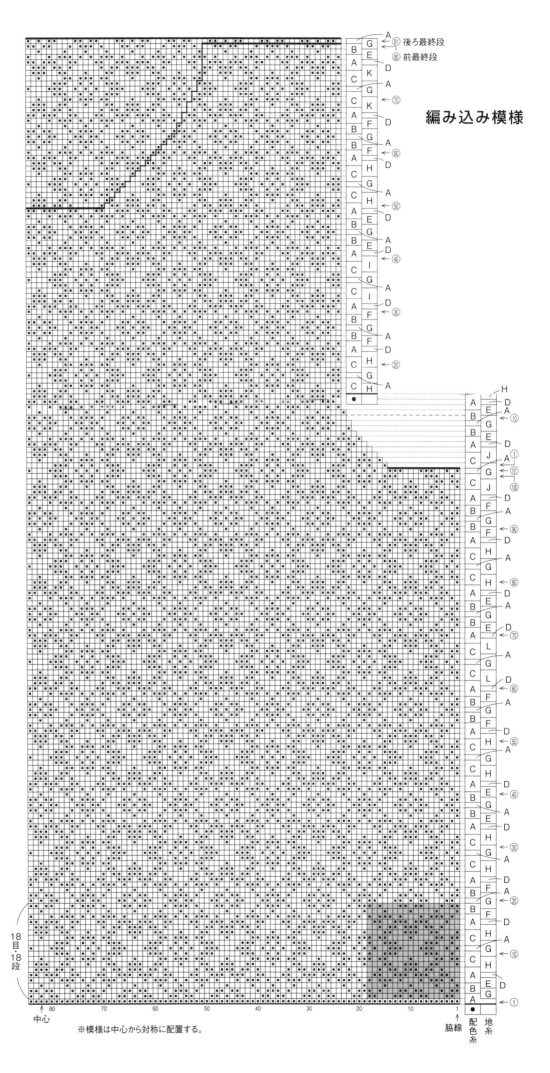

p.20

## ジャズ・ウィスタリア・手袋

◆用意するもの
糸…中細タイプのシェットランド・ヤーン
濃ブルー、深紫、濃赤、こげ茶各10g、ブルー、薄ブルー、薄紫、薄ピンク各5g。
針…棒針3号、2号。

◆できあがり寸法
手のひら回り20cm、丈24cm。

◆ゲージ(10cm平方)
メリヤス編み32目×40段、編み込み模様B34目×35段。

◆編み方ポイント
1.指でかける1目ゴム編みの作り目(p.72参照)をし、輪に編みます。編み込み模様Bの4段めから増し目しながら18段まで編み、親指の11目を別糸にとって休め、11目を巻き増し目で作り、続けて指の手前まで編みます。

2.指は小指から編みます。手のひらと甲から16目拾い、2目巻き増し目して18目で輪に編み、指先で減目して残りの目に糸を通してしぼり、止めます。
3.薬指は手のひらと甲、小指の巻き増し目から拾い目し、2目巻き増し目して輪に編みます。
4.中指は薬指と同要領に編みます。
5.人さし指は手のひらと甲、中指の巻き増し目から拾い目して編みます。
6.親指は休み目と巻き増し目、間の渡り糸から拾い目して24目で輪に編みます。
7.左手は右手と対称形に編みます。

※指を細く編みたい場合は2段めで分散減目して調整してください。

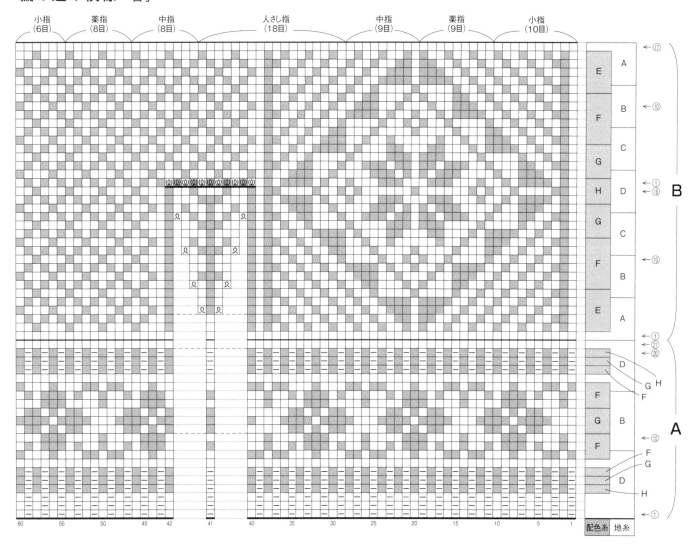

### 指先の減目

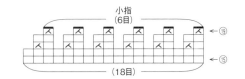

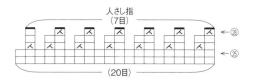

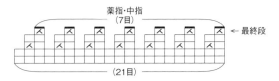

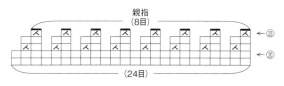

裏目 — 以外は全て表目
ℚ ℚ =ねじり増し目
⦿ =巻き増し目

A…濃ブルー
B…深紫
C…濃赤
D…こげ茶
E…ブルー
F…薄ブルー
G…薄紫
H…薄ピンク

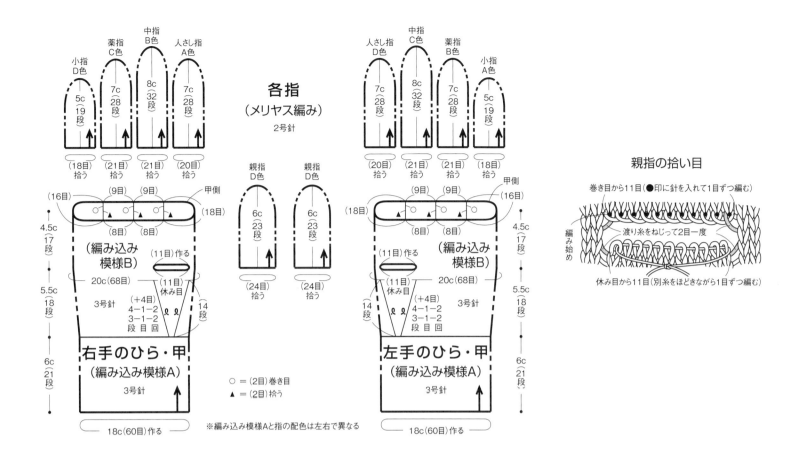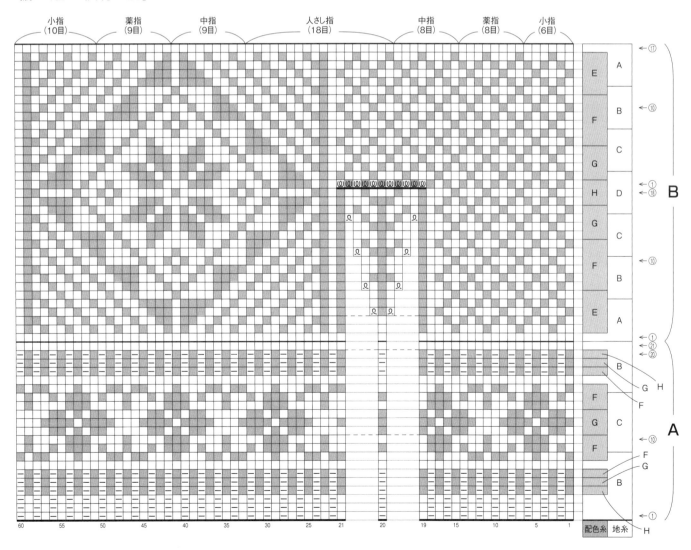

## ジャズ・ウィスタリア・ミトン p.20

◆用意するもの
糸…中細タイプのシェットランド・ヤーン
濃ブルー、深紫、濃赤、こげ茶各10g、ブルー、薄ブルー、薄紫、薄ピンク、赤紫、霜降りベージュ各5g。
針…棒針3号。

◆できあがり寸法
手のひら回り20cm、丈24cm。

◆ゲージ（10cm平方）
編み込み模様B 34目×35段。

◆編み方ポイント
1.指でかける1目ゴム編みの作り目をし、輪に編みます。模様編みBの2段めから増し目しながら18段まで編み、親指の11目を休め、11目巻き増し目して編み進みます。指先は両脇で減目して細くします。編み終わりは中表にして13目どうしを引き抜きはぎします。
2.親指は休み目と巻き増し目から拾い目して22目で輪に編み、指先で減目し、残りの5目に糸を通してしぼり、止めます。
3.左手は右手を参照して対称形に編みます。

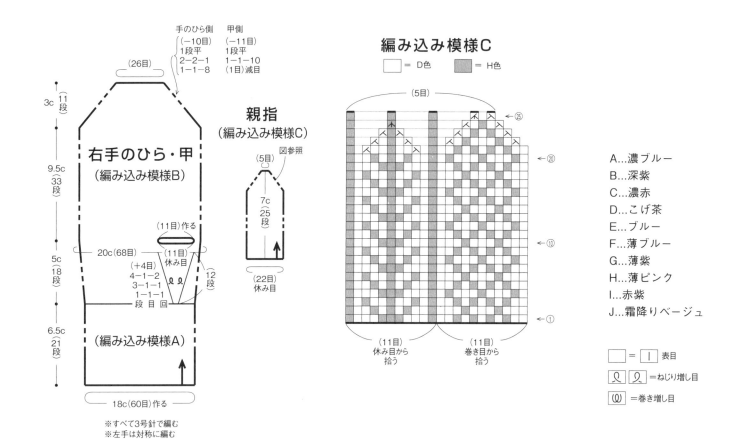

編み込み模様C

A…濃ブルー
B…深紫
C…濃赤
D…こげ茶
E…ブルー
F…薄ブルー
G…薄紫
H…薄ピンク
I…赤紫
J…霜降りベージュ

指でかける
1目ゴム編みの作り目
（輪編み）

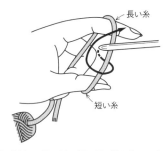

① 糸端から編み地の幅の約3倍を残して、左手の親指と人差し指にかける。指1本で矢印のように手前から1回転させる。表目ができる。

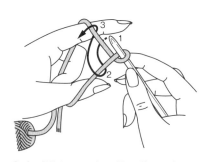

② 次に針先を1〜3と向こう側から動かす。裏目ができる。

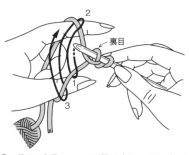

③ 3目めは表目。1、2、3の順に手前から針を動かして作る。②と③をくり返して必要な目数にする。最後の目は裏目。

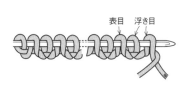

④ 裏に返す。最初の2目は浮き目（糸を手前においてすべらせる）にする。

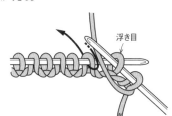

⑤ 3目めは表目を編む。続けて浮き目、表目を交互にくり返して1目おきに編んでいく。最後の目は浮き目。

⑥ 表に返し持ちかえる。最初の目は表目、次の目は糸を手前においてすべらせる浮き目。表目と浮き目を交互にくり返す。⑤で編まなかった目を編むことになる。

編み込み模様

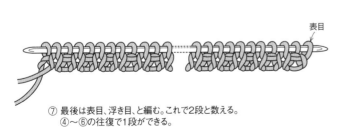

⑦ 最後は表目、浮き目、と編む。これで2段と数える。
④〜⑥の往復で1段ができる。

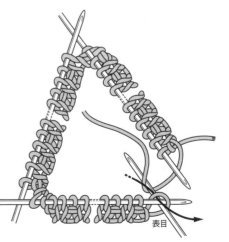

⑧ 3本の針に分ける(輪針で編んでもよい)。作り目をねじらせないように3段めからゴム編みで輪に編む。最後に袋編み2段の部分をとじる。

## ジャズ・ウィスタリア p.21

◆用意するもの
糸...中細タイプのシェットランド・ヤーン
深紫、濃赤各55g、薄紫50g、薄ブルー35g、ブルー30g、こげ茶、薄ピンク各25g、濃ブルー15g、茶5g。
針...棒針3号、2号。

◆できあがり寸法
胸囲94cm、背肩幅36cm、丈62cm。

◆ゲージ（10cm平方）
編み込み模様 35目×35段。

◆編み方ポイント
1.裾で作り目をして肩まで輪に編みます。編み込み模様の1段めの増し目は前段の渡り糸をねじって編みます。後袖つけ丈が1段多いので、87段まで編んだら、いったん糸を切って軽く結んでおき、糸をつけて後身頃と左右の切りしろ各6目だけを1段編みます。
2.肩をはぎ合わせて、袖ぐりは身頃から拾い目して編み込み2目ゴム編みで輪に編み、編み終わりは目なりに伏せ止めします。
3.衿は衿ぐりから拾い目して輪に編み、袖ぐりと同要領に止めます。
4.切りしろと糸の始末をし、仕上げをします。

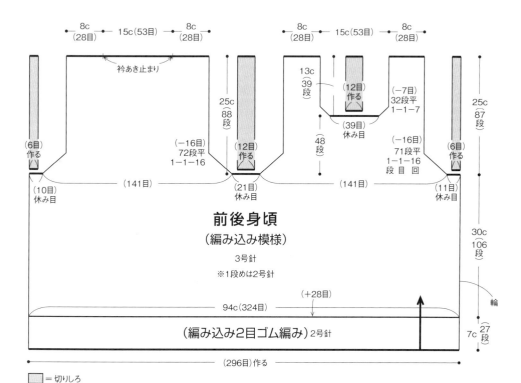

### 衿・袖ぐり
（編み込み2目ゴム編み）
2号針

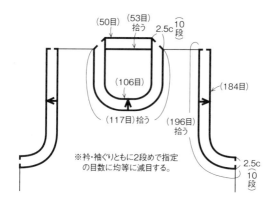

◆棒針を使う引き抜きはぎ

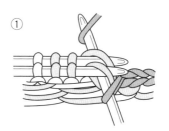

編み地を中表にして持ち、左針の目に右針を入れて糸をかけ、引き抜きます。

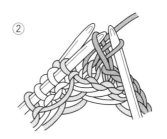

引き抜いてきた目に右針の目をかぶせる。
①、②をくり返す。

### 編み込み2目ゴム編み

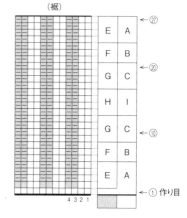

□ = | 表目

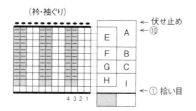

※伏せ止めは表目は表目に、裏目は裏目に編んで止める。

## 葉陰を渡る鐘の音　p.23

◆用意するもの
糸...レース用ヤーン（中細タイプ）　にぶ紫　115g。
針...棒針2号。

◆仕上げ後の寸法
幅72cm・長さ172cm。

◆ゲージ（10cm平方・仕上げ後のサイズ）
模様編みA 27目×38段、模様編みB 27目×34段。

◆編み方ポイント

1. 本体から編みます。別鎖の作り目から模様編みAを199段編み、目を休めておきます。
2. 別鎖をほどいて目を拾い、2目減目して模様編みBを編み、続けて2目増して模様編みAを編み、目を休めておきます。
3. 縁は編みながら本体につなぎます。別鎖の作り目をして25目拾い、縁編みイを編みます。表を見ながら編む段の端で本体から目を拾い出し、編み地を裏返して、次の段で拾い目と端目で2目一度して戻ります。図を参照して縁編みロ44模様、イ2模様（計4模様）とを本体の段とつないで編み進みます。
4. 続けて本体の休み目とつなぎます。イの1段めに続けて休み目の1目を表目で編み、編み地を裏返し、休み目を編んだ目と端目で2目一度して戻ります。
5. 縁編みイ、ロを本体とつなぎながら一周します。作り目の別鎖をといて最後の段とガーターはぎでつなぎます。
6. ピン打ちとアイロンがけで仕上げます（p.105参照）。

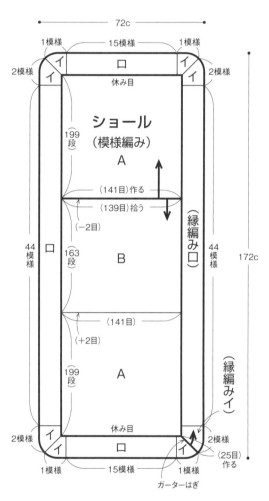

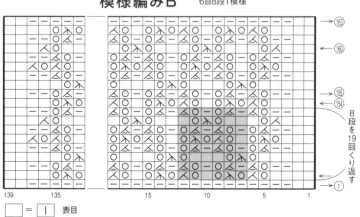

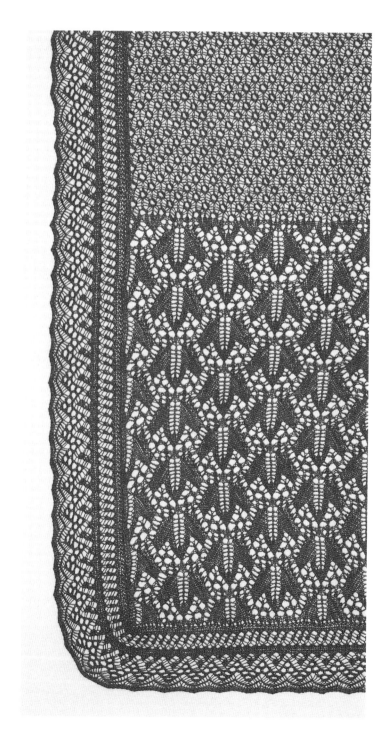

### 模様編みA 34目28段1模様

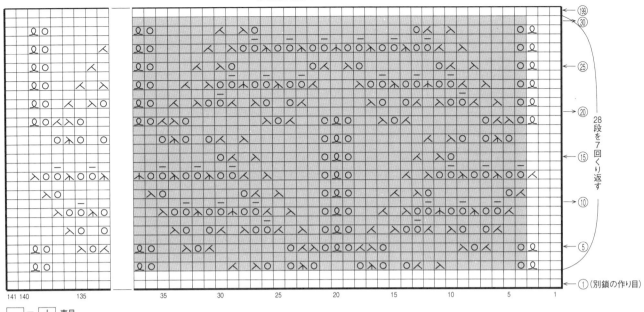

□ = | 表目

### 縁編み

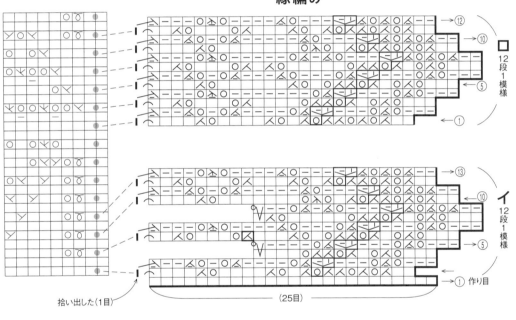

● = 拾い目位置

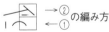 →②の編み方
←①

人 は引き返しのかけ目も一緒に左上3目一度の要領で編む。

1.縁編みを端まで編み、続けて模様編みの端1目内側（●）から1目拾い出す。
2.裏に返し、拾い目を編まずに右針に移し、左針の1目を表目に編み、右針に移した拾い目をかぶせて2目一度にする。

□ = | 表目

### 休み目からの拾い方

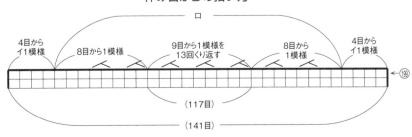

※休み目を1目表目で編む時に、2目一度に減目しながら拾い、編みつなぐ。

77

## 春に寄す p.24

◆用意するもの
糸…シェットランド・レース用ヤーン（極細タイプ）　白80g。
針…棒針2号。

◆できあがり寸法
幅76cm、長さ152cm。

◆ゲージ（10cm平方・仕上げ後のサイズ）
模様編み平均 20目×37.5段。

◆編み方ポイント

1. 縁編みから編み始めます。別鎖の作り目をして25目拾い、イ19模様228段、続けてロの4段めまで編みます。
2. ロの5段めに続けて、イのすべり目の半目から本体の113目を拾います。続けて反対側の縁編みを編みます。
3. 別鎖の作り目をといて別の針に目を通しておきます。拾い目に続き、別針に通しておいた目を縁編みハの1段めのように編みます。端ですべり目をして5段めまで編み、6段めに続けて本体の2段め、ロの6段めと編んで戻ります。
4. 縁編みロ・ハは角のため引き返し編みを入れながら、ニ・ホは引き返し編みなしで本体の模様編みA・B・Cと続けて編み、目を休めておきます。
5. 同じ要領でもう1枚、本体の模様編みB83段までのものを編みます。
6. 2枚をガーターはぎでつなぎます。両方の休み目を細い目立つ色の糸に通しておき、はぎ合わせます。できるだけ糸の引き具合を編み目と揃え、はぎ目が目立たないようにします。
7. ピン打ちとアイロンがけで仕上げます（p.105参照）。

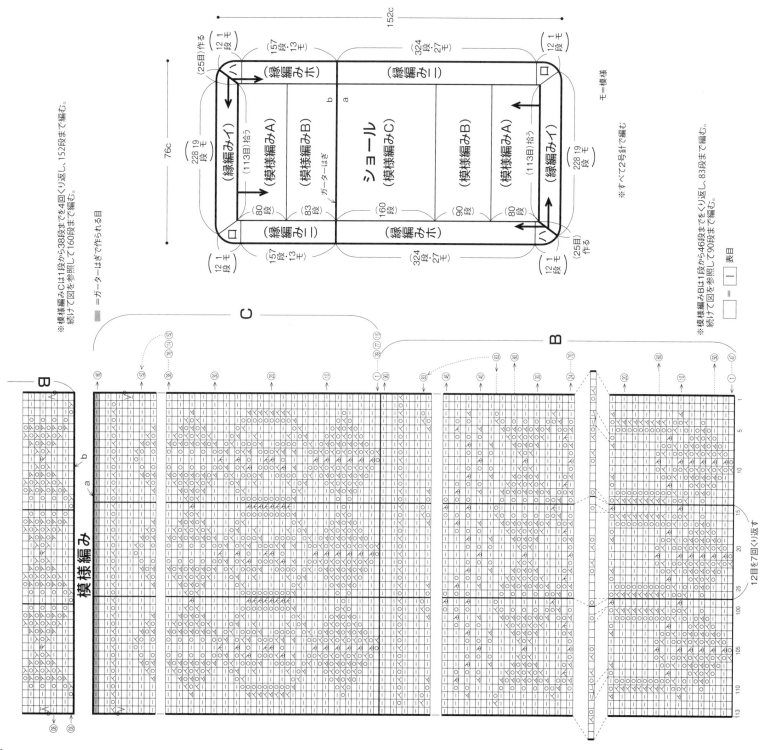

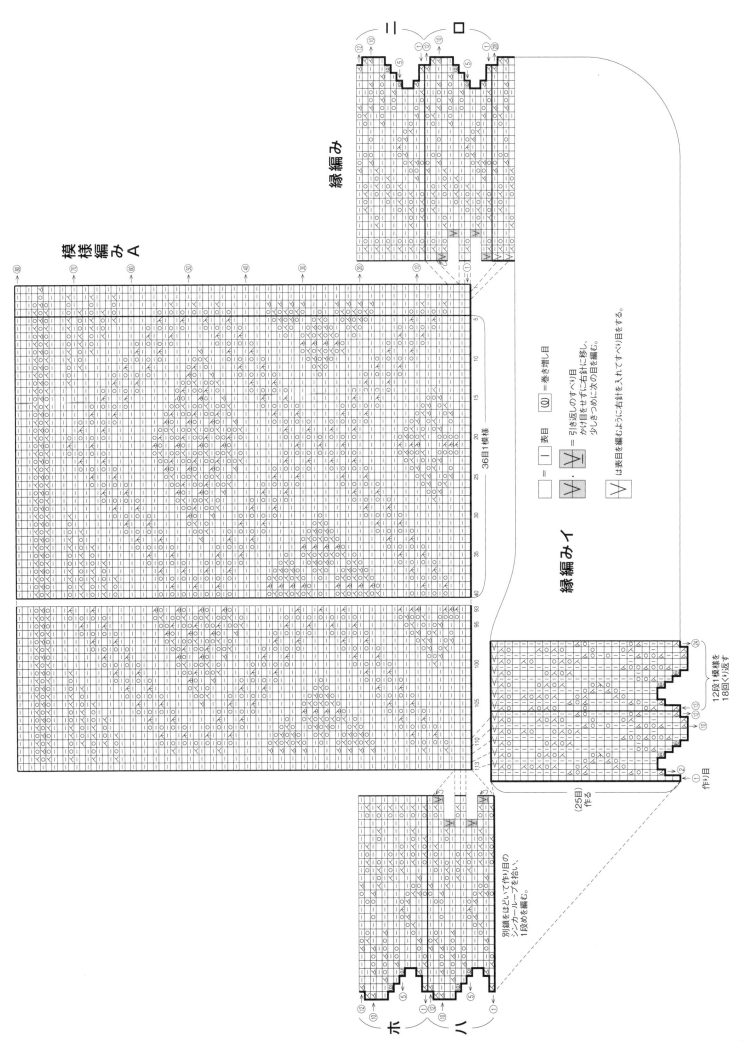

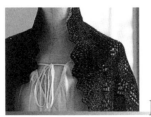

p.27

## ミルテの花

◆用意するもの
糸…中細タイプのシェットランド・ヤーン
霜降り黒 240g。
針…棒針6号、5号、4号。
◆仕上げ後の寸法
幅210cm、長さ95cm。
◆ゲージ（10cm平方・仕上げ後のサイズ）
模様編み 16目×31段。
◆編み方ポイント

1. 縁編みAから編み始めます。別鎖の作り目をして833段・52模様編みます。
2. 続けて2段編み、3段めに続けて端のすべり目の半目から416目拾います。これが本体部分になります。
3. さらに続けて、作り目の別鎖をほどき縁編みBの1段めのように編みます。
4. Bの2、3段めを編み、4段めの続きに本体の2段め、Aの4段めを編みます。図を参照して、本体と縁編みを続けて編み進みます。
5. 本体4段めでは柄中心2か所で減目します。本体は柄中心線で模様が対称形に入るようにし、縁編みとの境と背中心の両側で減目しながら三角形に編み、ゲージ調整のため指定の段で針の号数をかえます。
6. 編み終わりは、本体は目がなくなるので、縁編みAとBの最終段をガーターはぎでつなぎます。
7. 水通し、ピン打ち、アイロン掛けで仕上げます（p.105参照）。

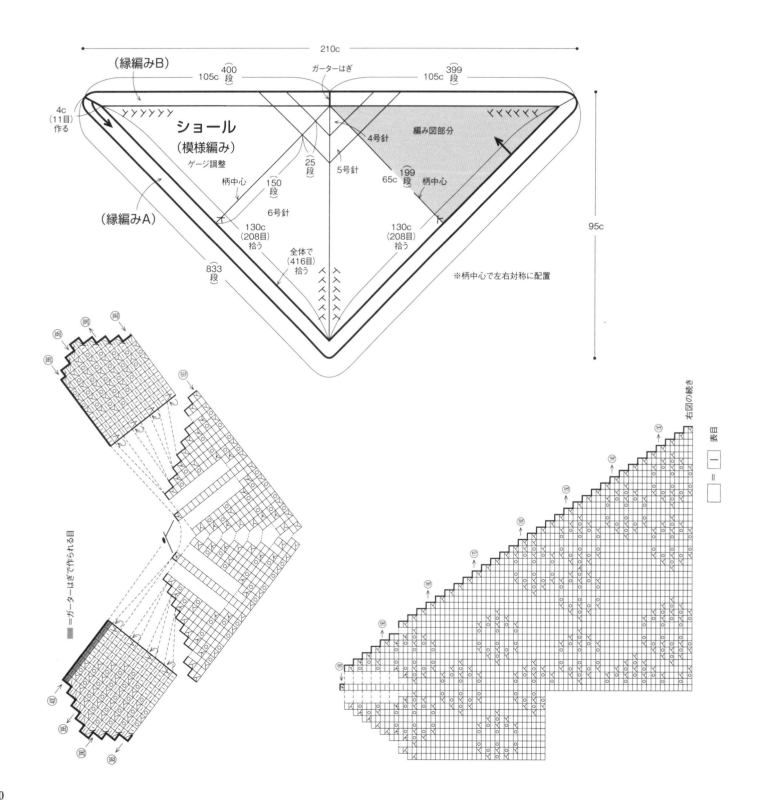

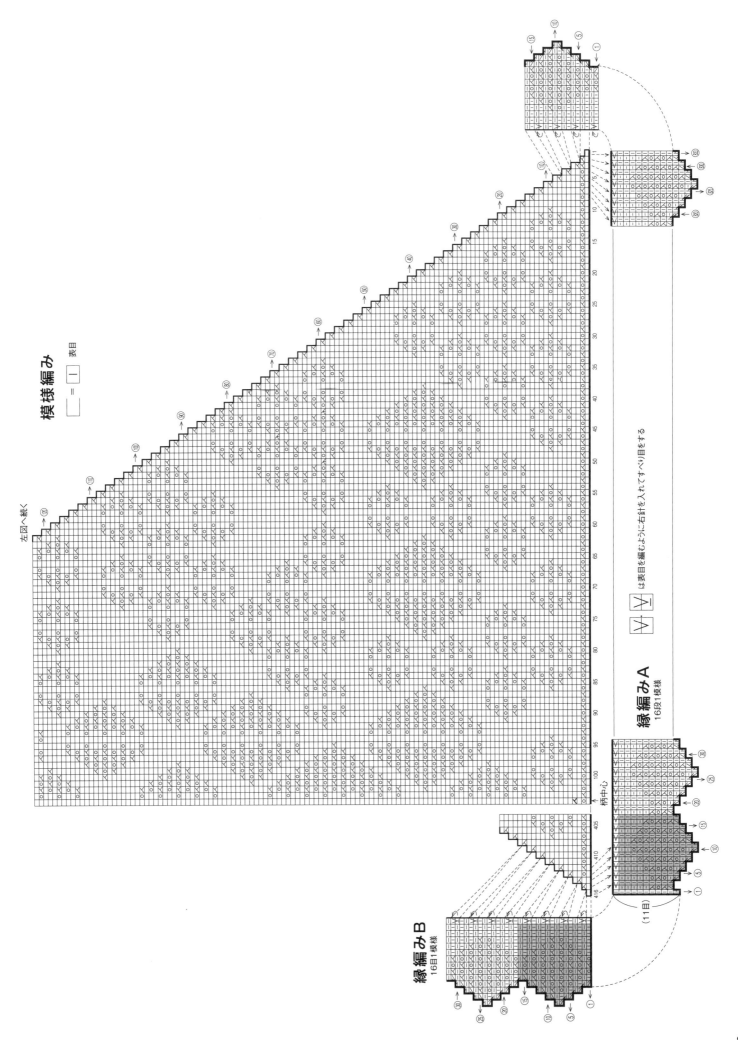

p.29

## 愛の挨拶

◆用意するもの
糸…シェットランド・レース用ヤーン（合細タイプ）
黒 150g。
針…棒針4号、3号、かぎ針5/0号、3/0号。
その他…直径1cmのボタン10個。

◆できあがり寸法
胸囲97.5cm、背肩幅36cm、丈54.5cm、袖丈52cm。

◆ゲージ（10cm平方・仕上げ後のサイズ）
模様編みA・Bとも 22目×32段。

◆編み方ポイント

1. 裾の縁飾りから編みます。共糸の鎖をかぎ針5/0号で編み、棒針4号で裏山を拾って編み始め、425段編み、編み終わりは伏せ止めします。
2. 身頃は3号針で縁飾りのすべり目の半目から211目拾い、2段まで編みます。3段めから4号針に変えて、模様編みAで前後身頃を編みます。
3. 続けて右前身頃を模様編みBで図を参照しながら肩まで編み、目を休めておきます。
4. 右袖ぐりに糸をつけて4目伏せ目し、続けて後身頃を編みます。左前身頃は左袖ぐりの4目伏せ目をしてから編みます。
5. 袖は身頃と同要領に袖口の縁飾りから編み、拾い目して模様編みAとBで袖山まで編みます。編み終わりは伏せ止めします。
6. 身頃、袖ともにピン打ちをし、アイロンをかけて形を整えます（p.105参照）。
7. 形を整えてから、肩は中表にし、前を手前にしてかぶせはぎ、袖下はすくいとじします。袖は身頃に引き抜きとじでつけます。
8. 前立てと衿に縁編みをし、右前立てにボタンホールを作ります。3段めのピコットは衿だけに編みます。

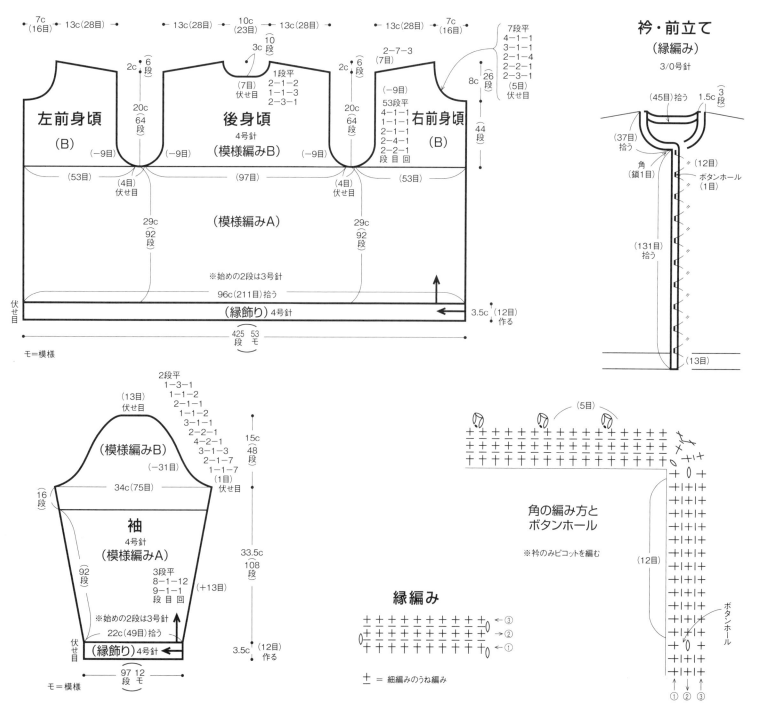

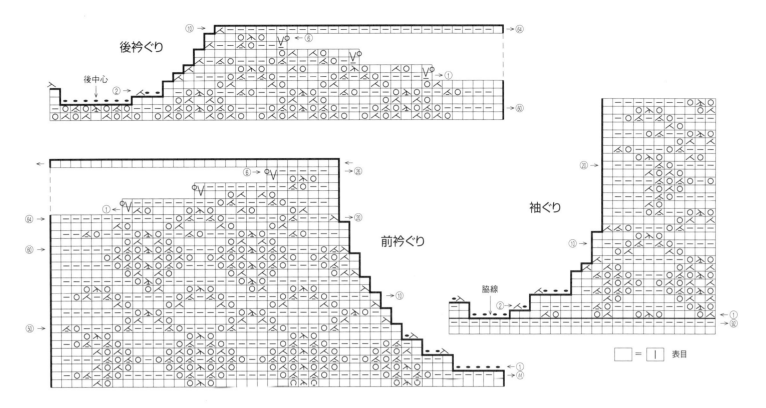

後衿ぐり
前衿ぐり
袖ぐり
後中心
脇線
□ = | 表目

## 模様編みB

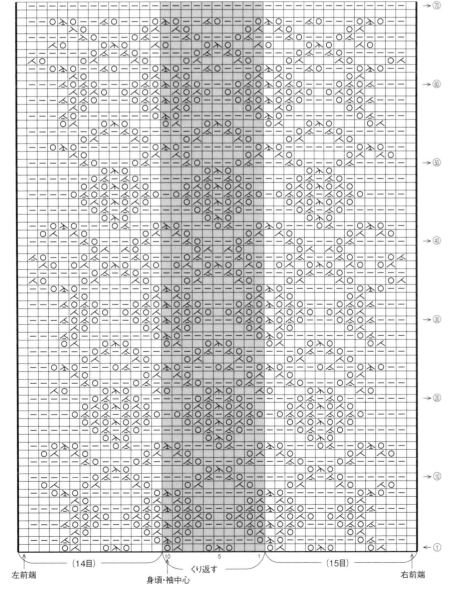

模様編みAと
袖の編み図はp.84

左前端　(14目)　身頃・袖中心　くり返す　(15目)　右前端

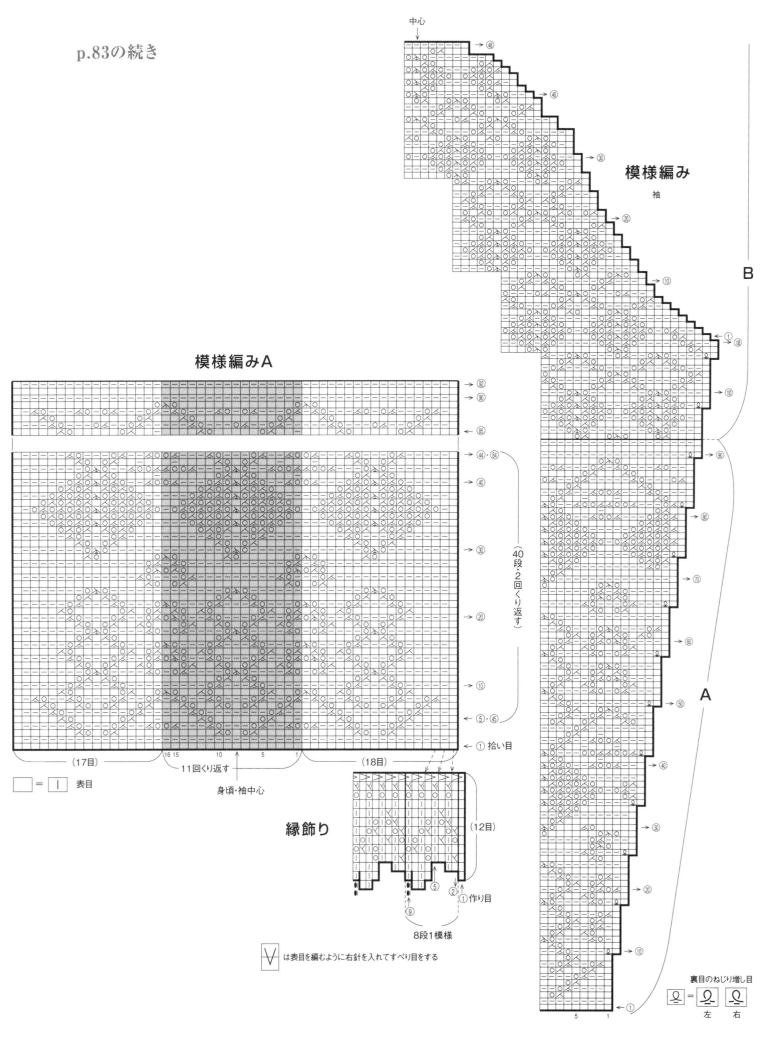

p.31

ヒースの茂る丘

◆用意するもの
糸…並太タイプのシェットランド・ヤーン ナチュラル・ベージュ 800g。
針…棒針8号、7号、6号、5号、4号。
その他…直径1.5cmのボタン8個。

◆できあがり寸法
胸囲103cm、丈62.5cm、ゆき丈74cm。

◆ゲージ（10cm平方）
模様編み平均 24目×31.5段。

◆編み方ポイント
1.身頃は裾で指でかける作り目をして編み始め、右前立てにボタンホールを作りながら進みます。袖ぐりは図を参照して模様を活かしながら減目します。編み終わりは目を休めておきます。

2.袖は身頃と同要領の作り目をして編み、エポーレットスリーブですので、袖に続けて肩部分を編みます。

3.肩と身頃は目と段のはぎでつけますが、身頃の袖つけ側は1目とじ代として残し、肩は袖山の1段下までとじて、続きの袖つけがきれいになるようにします。袖つけは目と段のはぎ、袖ぐり部分はすくいとじでつけます。袖下はすくいとじします。

4.衿は衿ぐりから拾い目をして、いったん糸を切ります。新たに2段めで糸をつけ、29目減目します。続けて引き返し編みをし、ゲージ調整をしながら進みます。編み終わりは、かのこ編みの表目、裏目を編みながら伏せ止めます。

5.かぎ針で衿の拾い目位置、前立ての1目内側に、裏から引き抜き編みで伸び止めをしておくとよいでしょう。

p.86〜88に続く

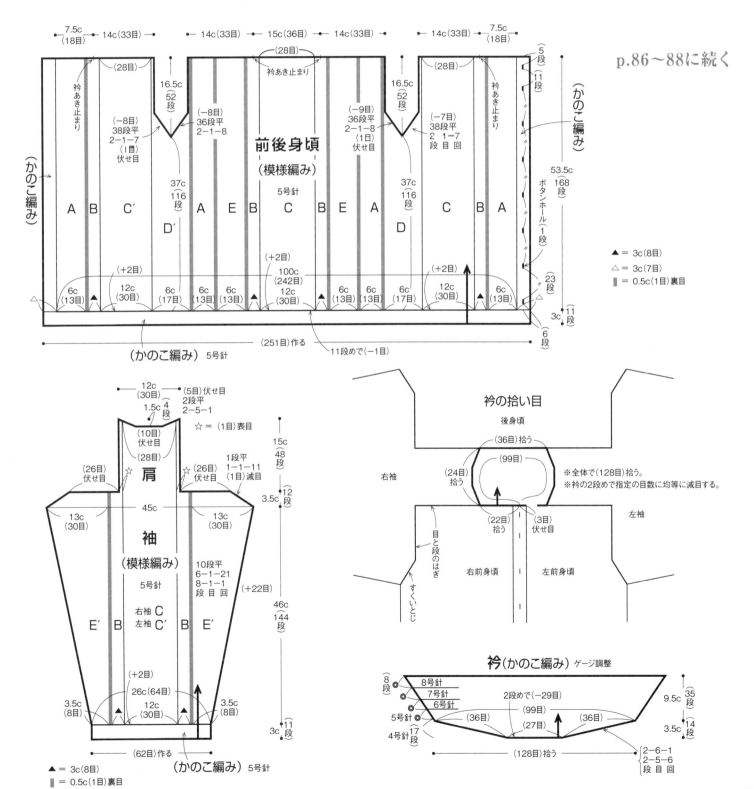

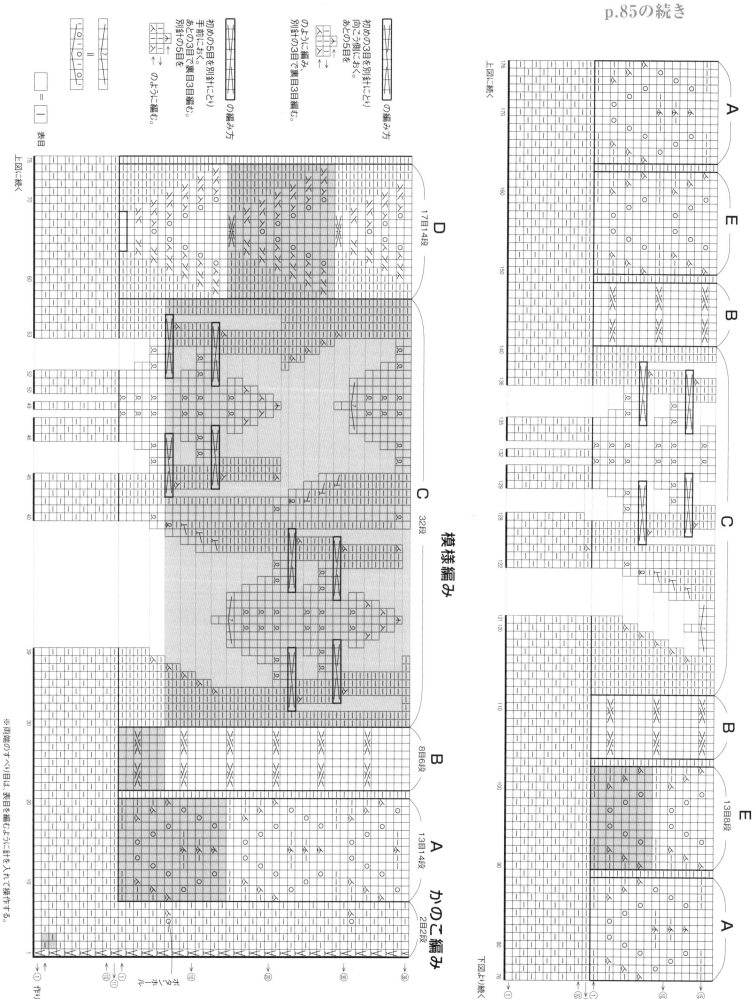

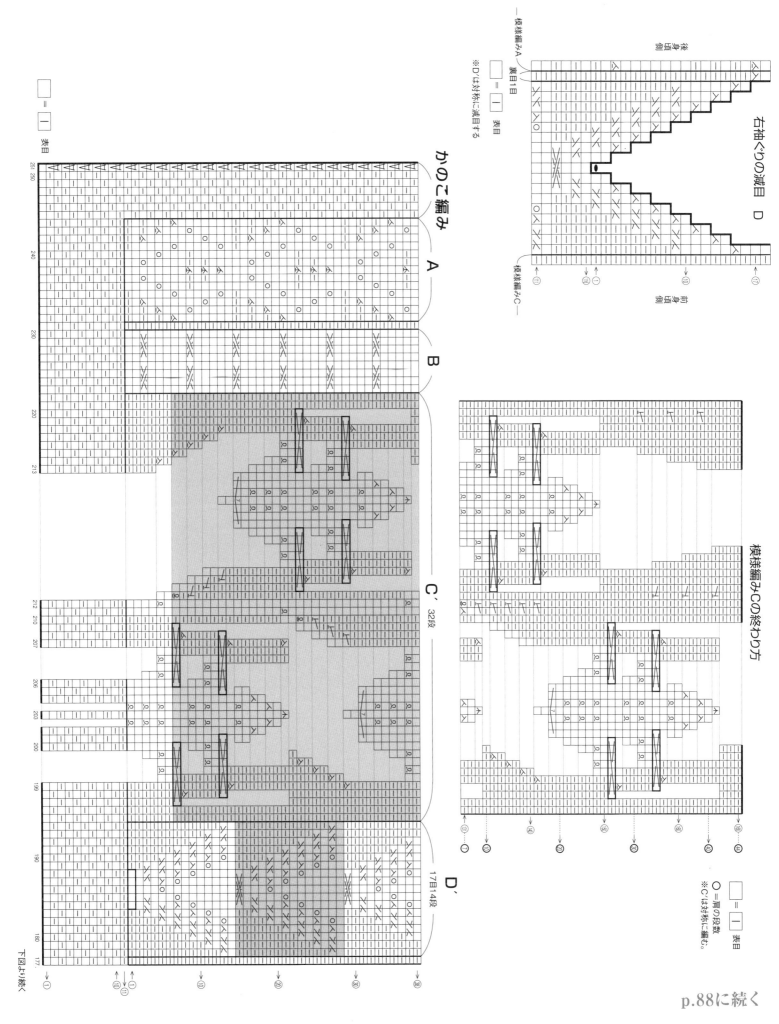

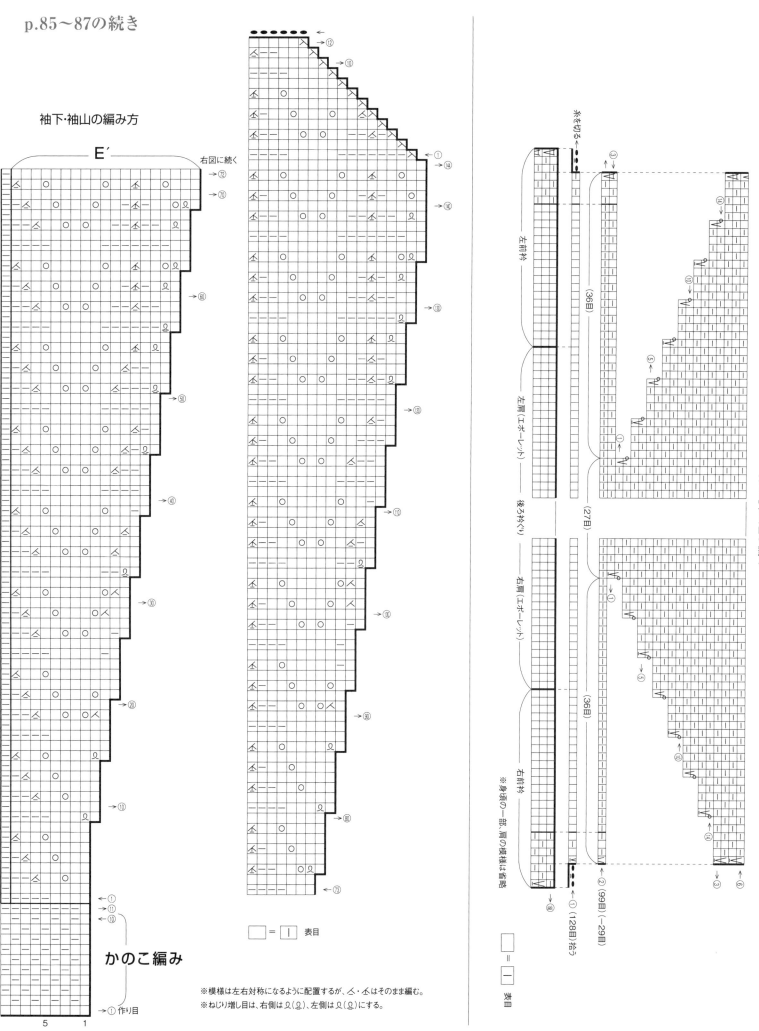

p.35

## 西風に見たもの

◆用意するもの
糸…並太タイプのアラン用ヤーン　ナチュラル・ライトグレー　470g。
針…棒針6号、5号。

◆できあがり寸法
胸囲95cm、着丈51.5cm、ゆき丈76.5cm。

◆ゲージ（10cm平方）
模様編み平均 26目×30段。

◆編み方ポイント

1. 身頃は裾で指でかける作り目をして編み始めますが、親指にかける糸を2本どりにします（p.91参照）。飾りゴム編みを編み、続けて模様編み、ラグラン線は図を参照して3目内側で減目しながら編み進めます。模様編みはできるだけラグラン線の際まで入れて編むようにします。
2. 袖は身頃と同要領に編みますが、左右の袖は対称に編みます。
3. 脇、袖下、ラグラン線はすくいとじでまとめます。まちの目はメリヤスはぎにします。
4. 衿は衿ぐりから拾い目して飾りゴム編みで輪に編み、編み終わりは裏目に編んで伏せ止めします。

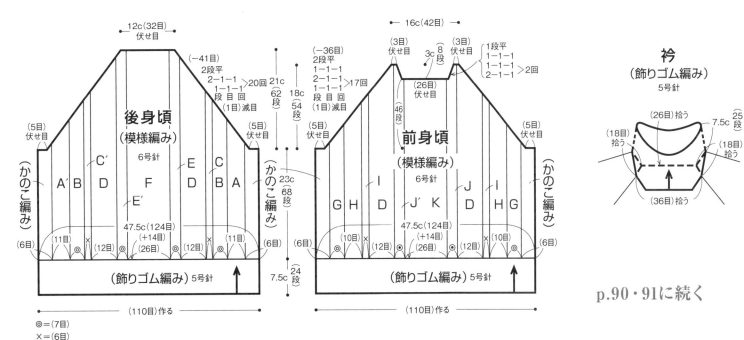

p.90・91に続く

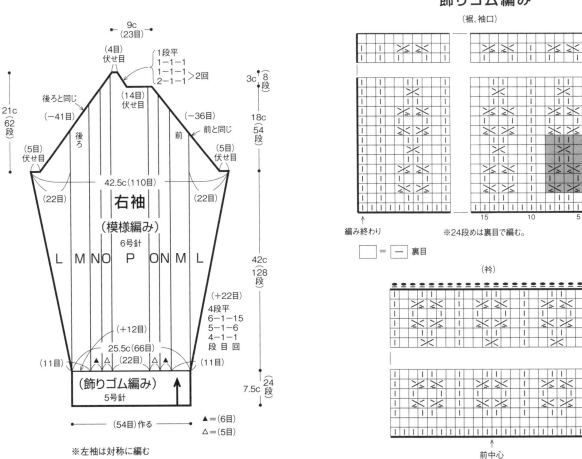

p.89の続き

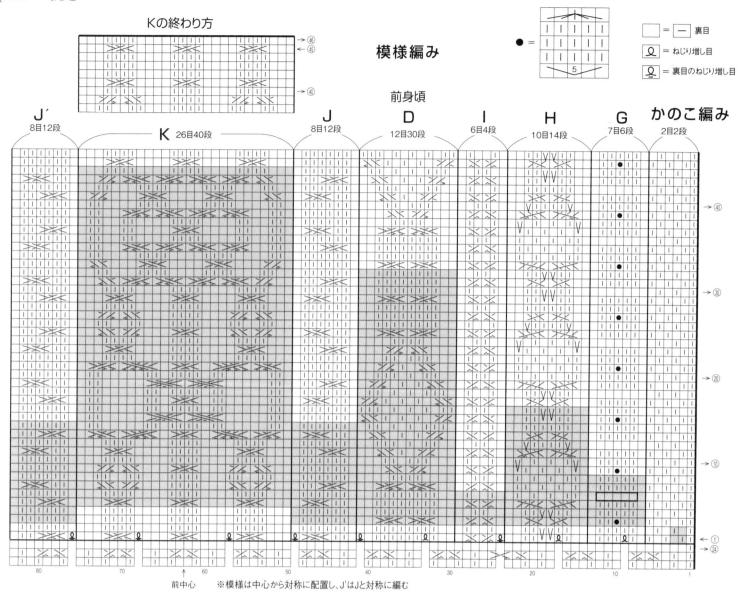

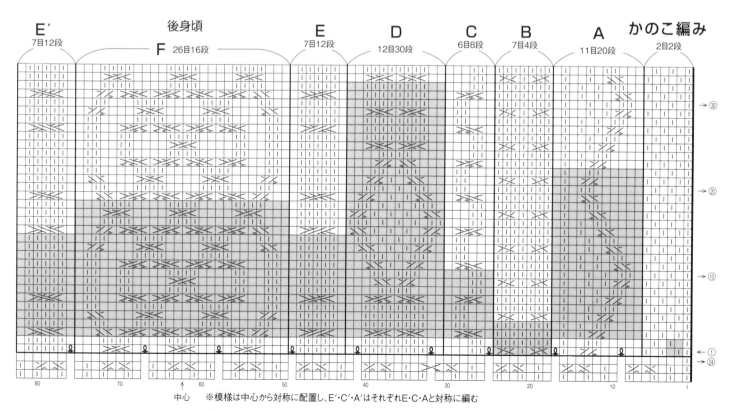

### ラグラン線の減目

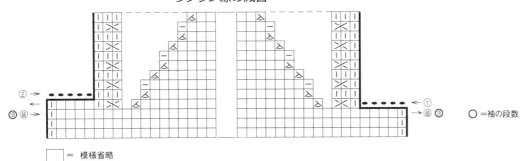

□ = 模様省略
○ = 袖の段数

### 3段編み下がりのボッブルの編み方

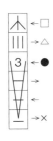

1. ●の段で3段下の×段の目に針を入れ、表目、かけ目、表目と編む。左針にかかっている1目をはずす。
2. 次の△段で編み出した3目を表目に編む。
3. □段で中上3目一度に編む。

### 模様編み（袖）

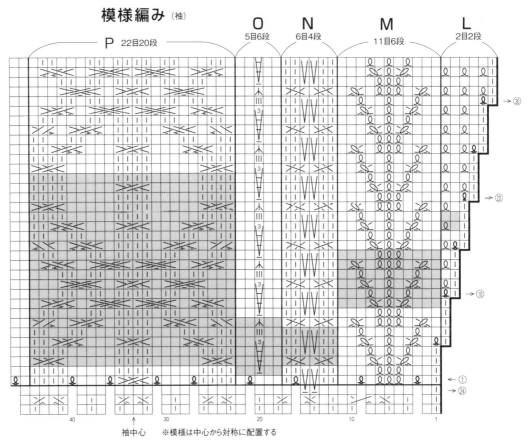

袖中心　※模様は中心から対称に配置する

### ◆指でかける作り目

① 棒針2本を作った輪の中に通し、短い糸を引いて輪をしめます。

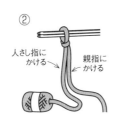

② 1目めのできあがり。

③ 指に糸をかけ、残りの指で根元を押さえます。

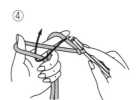

④ 親指の糸をすくいます。

⑤ 人さし指の糸にかけながら輪にくぐらせます。

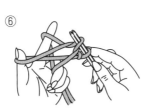

⑥ 親指の糸をいったんはずします。

⑦ 矢印のように親指を入れて、目をゆるめに引きしめます。

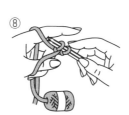

⑧ 2目めのできあがり。④〜⑦をくり返し、必要目数を作ります。

（親指にかける糸が2本どりの場合）

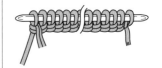

糸端を中に入れて輪をしめます。2本どりの方を親指にかけ、左図と同要領に目を作ります。

⑨ 作り目のできあがり。1段めになります。針を1本はずします。

できあがり。横に渡る糸が2本になります。

p.37

## ソルヴェーグの歌

◆用意するもの
糸…中細タイプのシェットランド・ヤーン
ナチュラル・黒 335g、ナチュラル・生成り 155g。
針…棒針3号、2号、1号。

◆できあがり寸法
胸囲104cm、背肩幅49cm、丈56cm、袖丈52cm。

◆ゲージ（10cm平方）
編み込み模様A・C・D・E34目×38.5段、B34目×40.5段。

◆編み方ポイント
1. 裾はダブル仕立てになります。身頃は裾で作り目をして輪にし、編み始め位置を左脇線として、メリヤス編みで24段、最終段のみ裏メリヤス編みで編みます。
2. 続けて編み込み2目ゴム編みを2号針で、編み込み模様Aを3号針で編みます。編み込みは糸を横に渡す方法で、増し目は前段の渡り糸をねじって編みます。続けて編み込み模様Bを2号針で袖ぐりまで編みます。
3. 袖ぐりから上は前身頃と後身頃に分けて往復編み、編み込み模様B・Cでそれぞれ肩まで編みます。肩は黒で引き抜きはぎします。
4. 袖は身頃と同要領に輪に、袖下でねじり増し目しながら編みます。編み終わりは目を休めておきます。
5. 衿は衿ぐりから拾い目して編み込み2目ゴム編み、メリヤス編みで輪に編みます。編み終わりは頭が通るようにゆるめに伏せ止めします。
6. 袖は黒で身頃と目と段のはぎで1段作るようにつけます。裾、袖口はメリヤス部分を内側に折ってかがります。

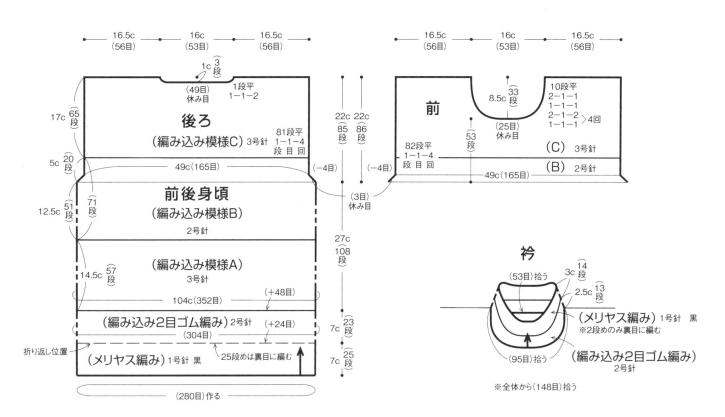

### 編み込み2目ゴム編み

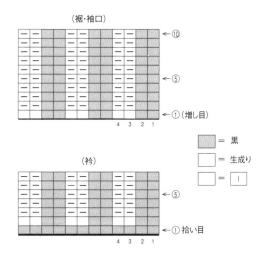

袖の編み図はp.94

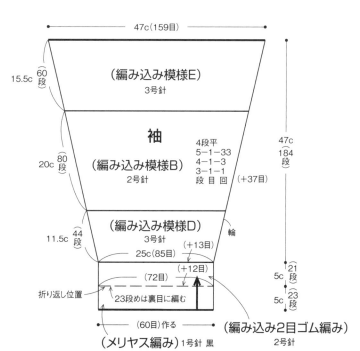

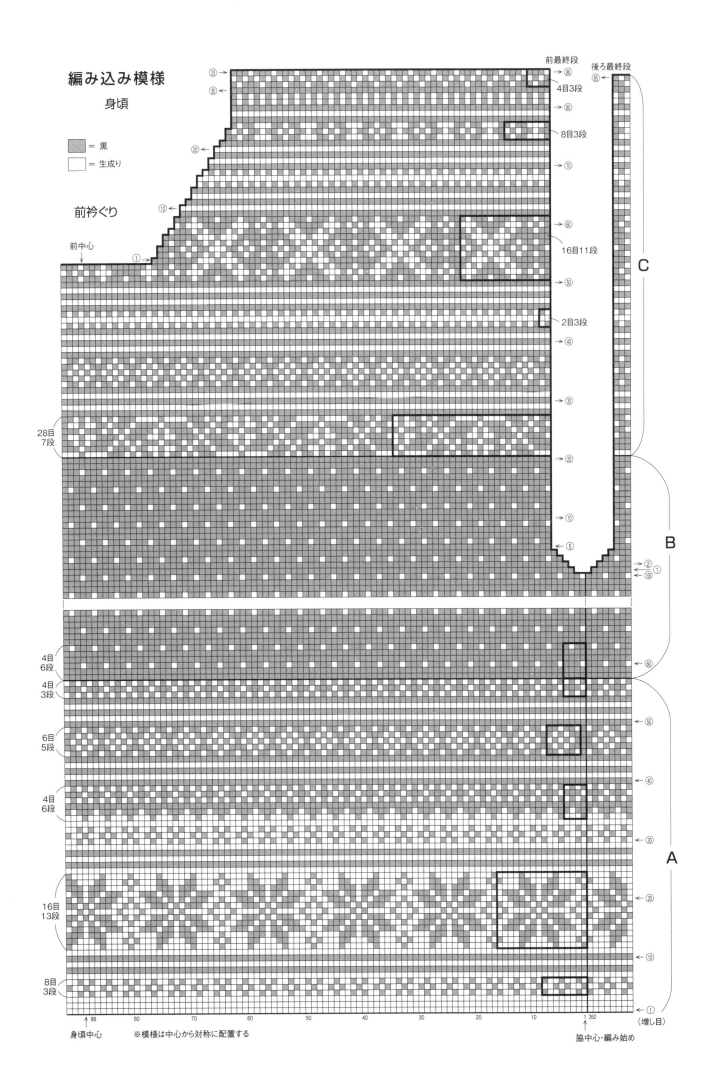

p.92の続き

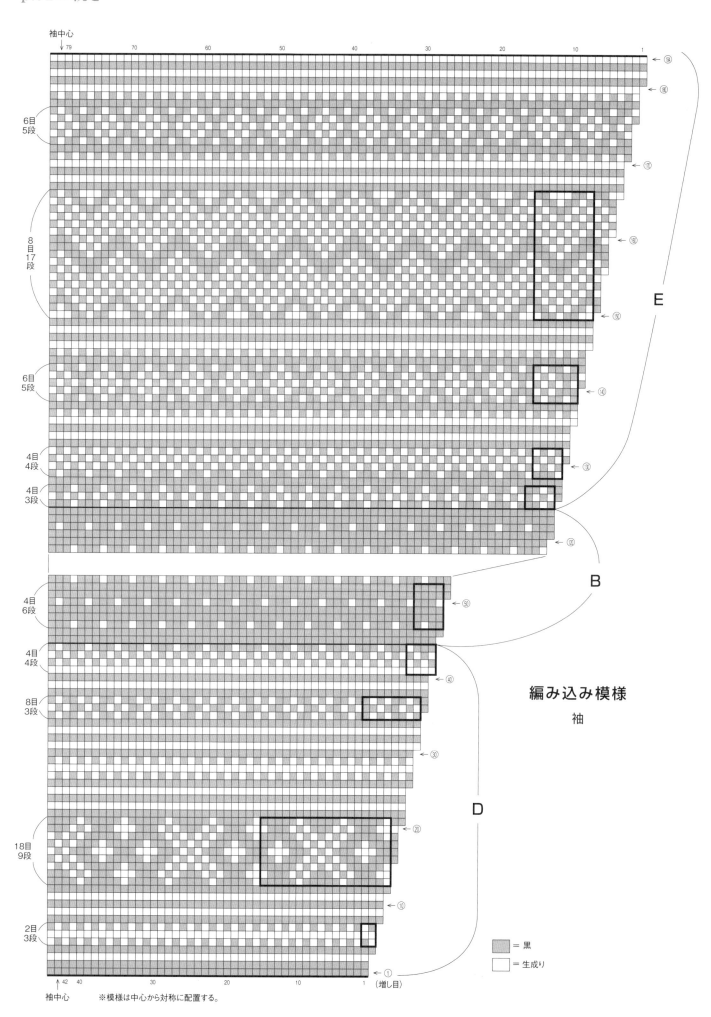

編み込み模様
袖

## p.39 森は眠り

◆用意するもの
糸…グラデーション・ナチュラル・ヤーン（中細タイプ）グレー系グラデーション 820g。
針…棒針3号、2号。

◆できあがり寸法
胸囲100cm、背肩幅45cm、丈67cm、袖丈57cm。

◆ゲージ（10cm平方）
メリヤス編み 22目×36段（模様編みモチーフbの対角線の長さが約4cm）。

◆編み方ポイント

1. 後身頃はaから編み始めます。指でかける作り目で2目作り、2段めを編み、3段めの始めに巻き増し目します。奇数段で増し目しながら16段編み、続けて2模様めの1段めを1目巻き増し目して、1目を編みます。同要領にaを12模様編み、9目伏せ止めします。左針には12模様の目がかかっている状態です。

2. 右針に残った1目をbの1目めとして、あとの7目をaの端1目内側から拾い目し、7目めの拾い目と左針の1目を2目一度して次段ですべり目します。奇数段の最後で左針の目と2目一度しながら15段編み、2模様めに進みます。同じ列11模様編んだら、次の列の1模様めで8目巻き増し目して同要領に編み進み、hまで編みます。

3. 身頃のメリヤス編みは模様編みの目の流れを活かすようにして101目拾って編みます。

4. 前身頃は後身頃と同要領に編みます。

5. 袖は身頃と同要領に編みますが、1模様の大きさが変わる段の減目に注意します。

6. 肩は引き抜きはぎ、脇と袖下は模様の凹凸がはまるようにして目と段のはぎでまとめます。

7. 裾、袖口は模様編みから拾い目して輪に編み、編み終わりは1目ゴム編み止めにします。衿は衿ぐりから拾い目して、裾と同要領に編み、止めます。

8. 袖は身頃のメリヤス編み部分には引き抜きとじで、モチーフ部分にはすくいとじでつけます。

p96・97へ続く

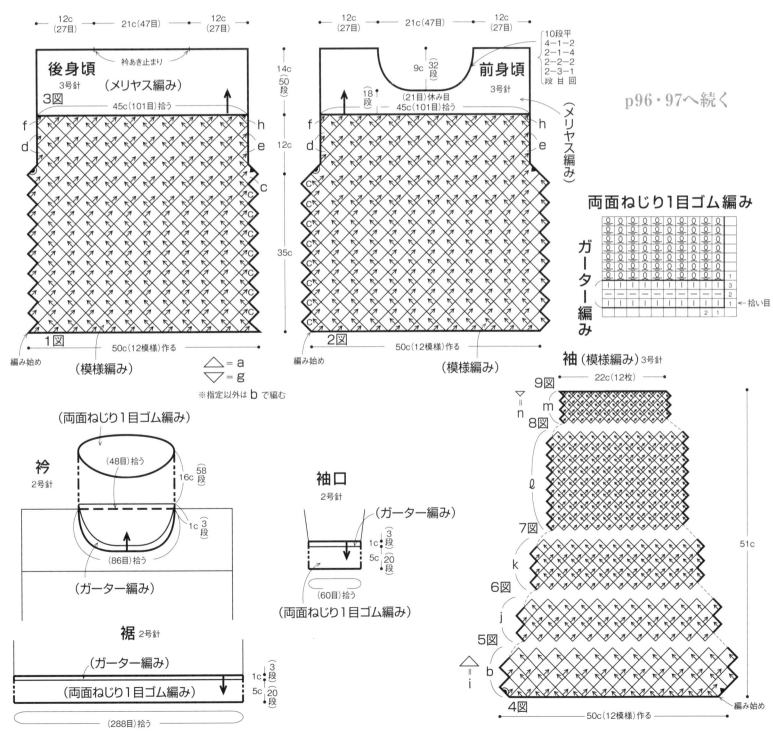

p.95の続き

**模様編み**

3図 前後身頃

2図 前身頃

1図 後身頃

□ = | 表目
|(0)| = 巻き増し目
● = 拾い目位置（端1目内側）
○ 円内 3目一度

くり返し

(2目)編み始め

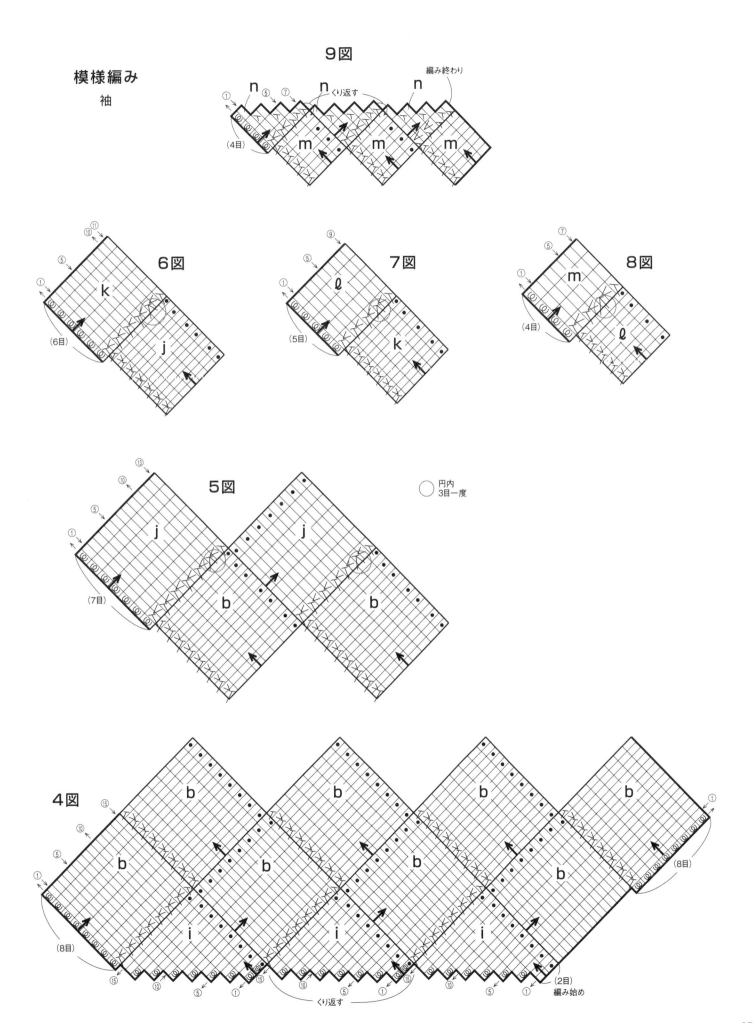

## プリマヴェーラ（春） p.40

◆用意するもの
糸…中細タイプのシェットランド・ヤーン
生成り170g、薄ベージュ、甘茶各20g、霜降り赤15g、紫10g、赤、ピンク、オレンジ、黄、薄緑、黄緑、緑、茶、薄ピンク、薄紫、水色各5g。
針…棒針4号、3号、2号。

◆できあがり寸法
胸囲96cm、背肩幅39cm、丈59cm。

◆ゲージ（10cm平方）
メリヤス編み、編み込み模様ともに 30目×40段。

◆編み方ポイント
後裾のイニシャルは写真ページとサンプラーのアルファベット（p.104）を参照してお好みで入れてください。
1. 裾で別鎖の作り目をして前後身頃をそれぞれ編みます。前身頃の編み込みは糸を横に渡す方法で編みます。とじと拾い目をきれいにするために、端の2目は模様に関係なく表目で編みます。
2. 肩は引き抜きはぎ、脇はすくいとじでまとめます。
3. 裾は別鎖をほどいて拾い目し、編み込み2目ゴム編みで輪に編みます。編み終わりは目なりに伏せ止めします。
4. 衿、袖ぐりは身頃から拾い目して輪に編み、裾と同要領に止めます。

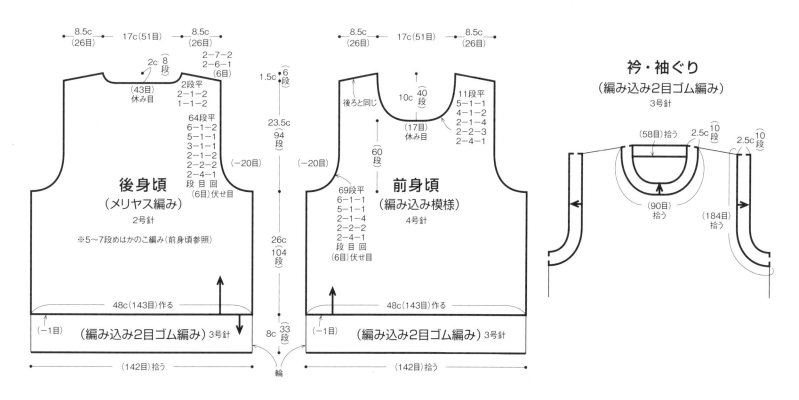

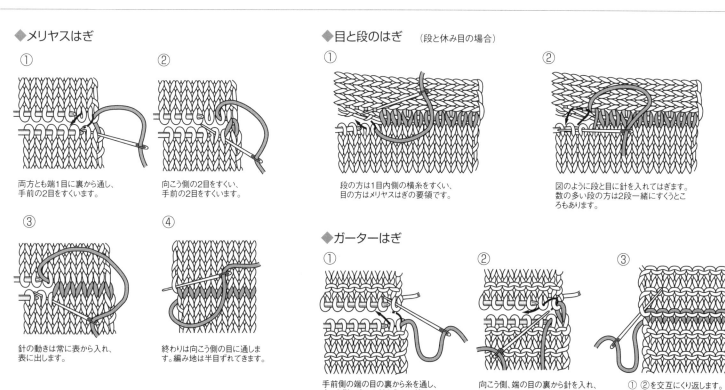

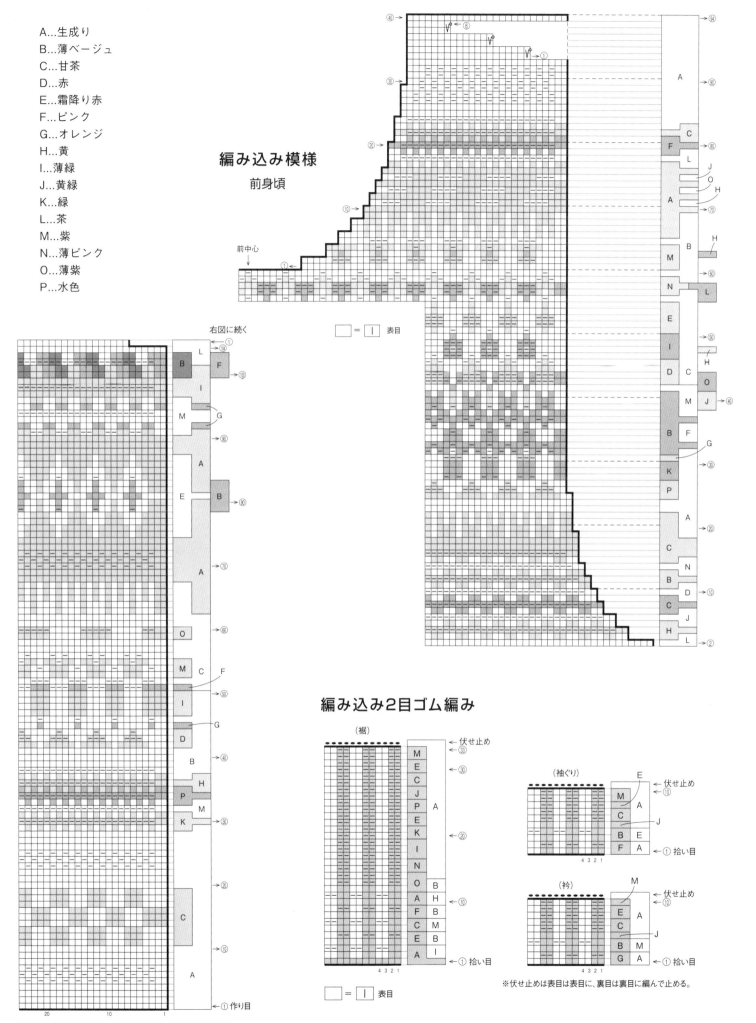

## 花の手紙 p43

◆用意するもの
糸…中細タイプのシェットランド・ヤーン
茶310g、明るい紫、紫各20g、薄ブルー、薄ピンク、ミックス薄紫各15g、にぶい紫、ミックス紫、深紫各10g、霜降りベージュ5g。
針…棒針4号、3号。

◆できあがり寸法
胸囲96cm、着丈61cm、ゆき丈76.5cm。

◆ゲージ(10cm平方)
メリヤス編み 29目×40段、編み込み模様38段。

◆編み方ポイント
1. 丸ヨークの衿ぐりから指でかける作り目をして、編み込み模様で分散増し目しながら71段輪に編みます。増し目は前段の渡り糸をねじって編みます。増し目の段が少ないので、自然な広がりにするために増し目をする段が近づくにつれて、少し裏の渡り糸をゆるめ気味に、逆に増し目したすぐ後は、無理に目と目の間をあけないように気をつけて編みます。
2. 編み始め位置を右脇後ろ(後身頃と右袖の境)に定め、前後身差の26段をメリヤス編みで、編み進みの引き返しをしながら編みます。
3. 図を参照してヨークの目を前後身頃と袖に分け、袖の分の目を休めておき、先に身頃から輪に編みます。
4. 身頃は前後の123目の間でそれぞれ別鎖の16目を作っておき、278目の輪で裾に向かってメリヤス編みで編みます。続けて編み込み2目ゴム編みを編み、編み終わりは目なりに伏せ止めします。
5. 袖はヨークの休み目と身頃の別鎖をほどいて17目拾い目し、休み目と別鎖の目の境で休み目からの目を上に2目一度して108目にし、輪に編みます。袖下は中心1目立てて、その両側で減目しながら編みます。袖口の編み込み2目ゴム編みまで続けて編み、目なりに伏せ止めします。
6. 衿は衿ぐりから拾い目して編み、目なりに伏せ止めします。

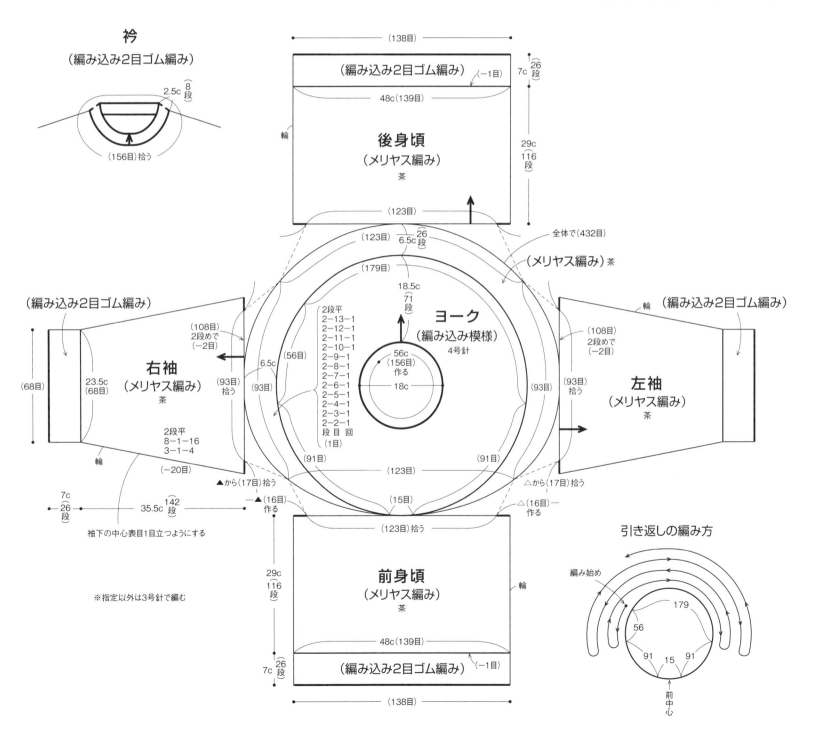

## 編み込み模様

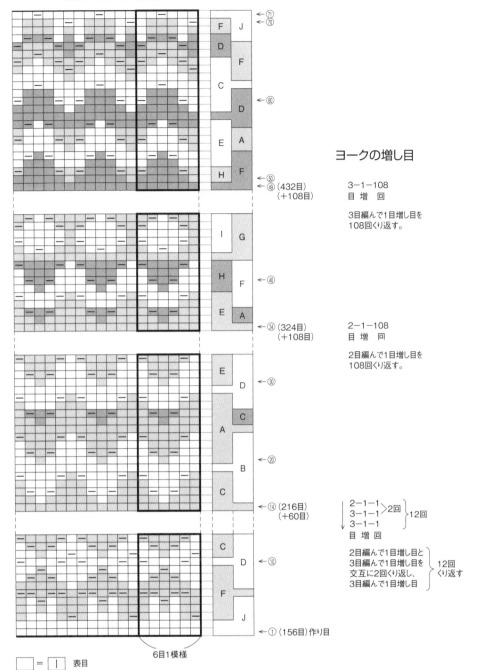

## 編み込み2目ゴム編み

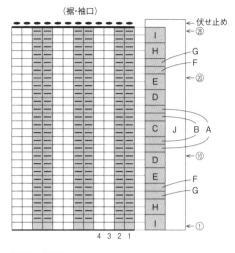

### ヨークの増し目

3-1-108
目 増 回

3目編んで1目増し目を
108回くり返す。

2-1-108
目 増 回

2目編んで1目増し目を
108回くり返す。

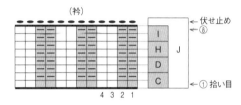

※伏せ止めは表目は表目に、裏目は裏目に編んで止める。

2-1-1 ⎫ 2回
3-1-1 ⎬　　　12回
3-1-1 ⎭
目 増 回

2目編んで1目増し目と
3目編んで1目増し目を
交互に2回くり返し、
3目編んで1目増し目　12回くり返す

A...薄ブルー
B...霜降りベージュ
C...薄ピンク
D...ミックス薄紫
E...明るい紫
F...紫
G...にぶい紫
H...ミックス紫
I...深紫
J...茶

□ = | 表目

## ヨークの引き返し編み

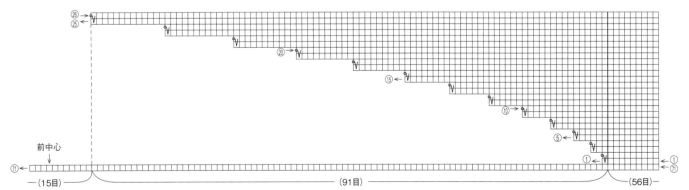

## 白夜

p.45

◆用意するもの
糸…中細タイプのシェットランド・ヤーン
濃グレー310g、霜降り赤、赤ミックス各25g、オレンジ、濃オレンジ、霜降りベージュ各15g、薄ベージュ、グレー各10g、生成り、薄オレンジ、薄グリーンミックス、薄紫、薄ピンク各5g。
針…棒針4号、3号。

◆できあがり寸法
胸囲98cm、着丈62.5cm、ゆき丈76.5cm。

◆ゲージ（10cm平方）
メリヤス編み 29目×40段、編み込み模様39段。

◆編み方ポイント
1. ヨークの衿ぐりから指でかける作り目をして、編み込み模様で分散増し目しながら78段編みます。増し目は前段の渡り糸をねじって編みます。増し目の段が少ないので、自然な広がりにするために増し目をする段に近づくにつれて、少し裏の渡り糸をゆるめ気味に、逆に増し目したすぐ後は、無理に目と目の間隔をあけないように気をつけて編みます。
2. 編み込み模様に続き、前後差の26段をメリヤス編みで、編み進みの引き返しをしながら編みます。
3. 図を参照してヨークの目を前後身頃と袖に分け、袖の分の目を休めておき、先に身頃から編みます。
4. 身頃は前後の間でそれぞれ別鎖16目を作っておき、277目にし、裾に向かってメリヤス編みで編みます。続けて編み込み2目ゴム編みを編み、編み終わりは目なりに伏せ止めします。
5. 袖はヨークの休み目と身頃の別鎖をほどいて17目拾い目し、休み目と別鎖の目の境で休み目からの目を上に2目一度して108目にし、輪に編みます。袖下は中心1目立て、その両側で減目しながら編みます。袖口の編み込み2目ゴム編みまで続けて編み、目なりに伏せ止めします。
6. 衿、前立ての順に身頃から拾い目して編み、袖口と同要領に伏せ止めます。かぎ針で前立ての両端1目内側にM色で引き抜き編みをすると、衿の伏せ止めとつながり、輪郭が整います。

衿・前立ての編み図はp.68

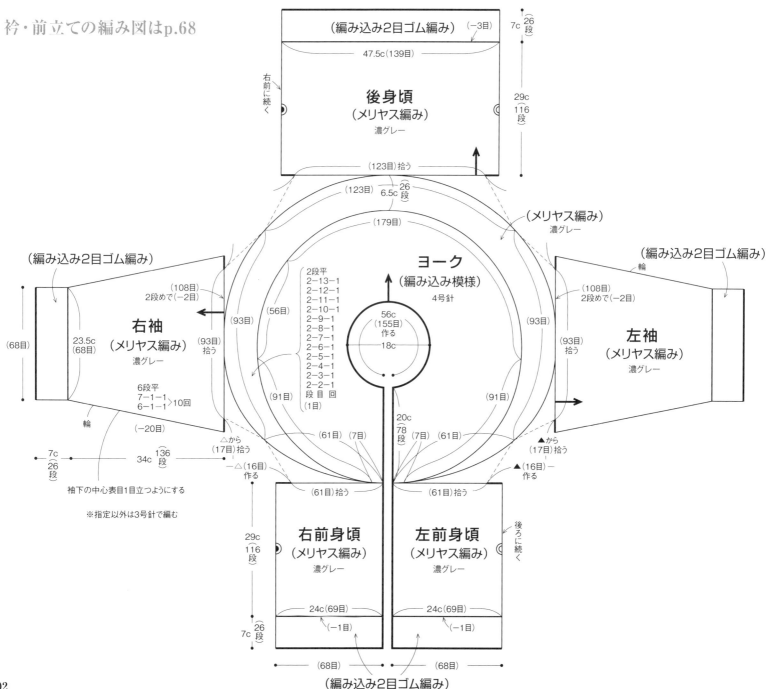

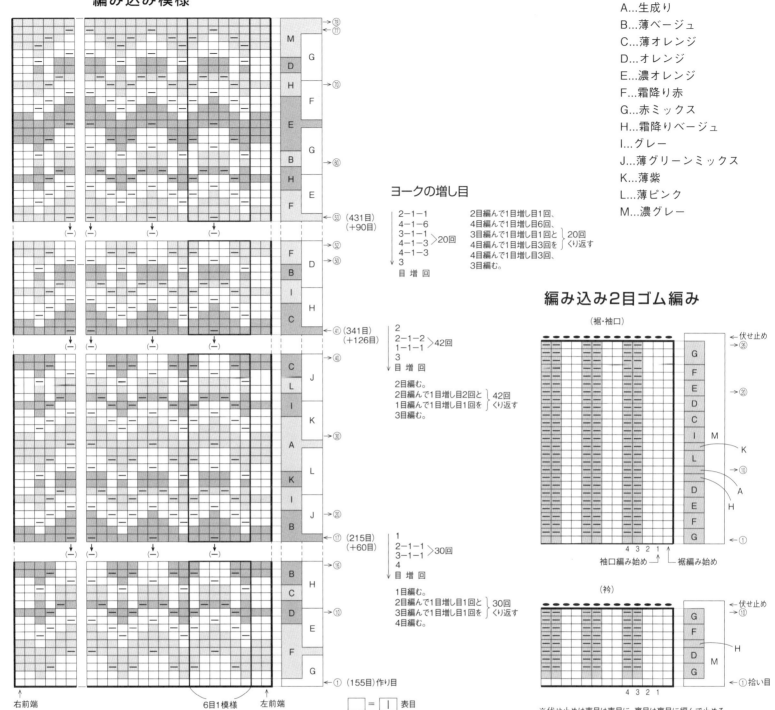
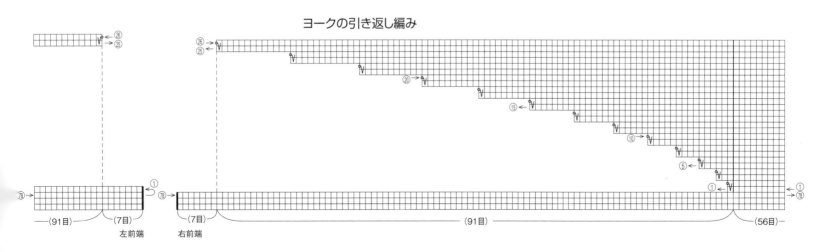

## アルファベットサンプラー p.41

◆用意するもの
糸...中細タイプのシェットランド・ヤーン
生成り25g、こげ茶5g、霜降り赤、紫、ピンク、黄、薄緑各2g。
針...棒針4号。

◆できあがり寸法
タテ29cm、ヨコ26cm。

◆ゲージ（10cm平方）
編み込み模様A 30目×32段。

◆編み方ポイント
1. 別鎖の作り目をして編み込み模様Aで編みます。編み込みは糸を横に渡す方法で編みます。
2. 続けて編み込み模様Bを編みます。Aの最終段から58目（62目から4目減目）、段から70目、作り目の別鎖をほどいて58目（62目から4目減目）、もう一方の段から70目、4つの角から各1目拾います（1段め）。
3. 2段めからは角の1目を立て、その左右でねじり増し目しながら輪に編みます。編み終わりは目なりに伏せ止めます。

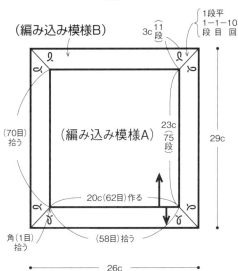

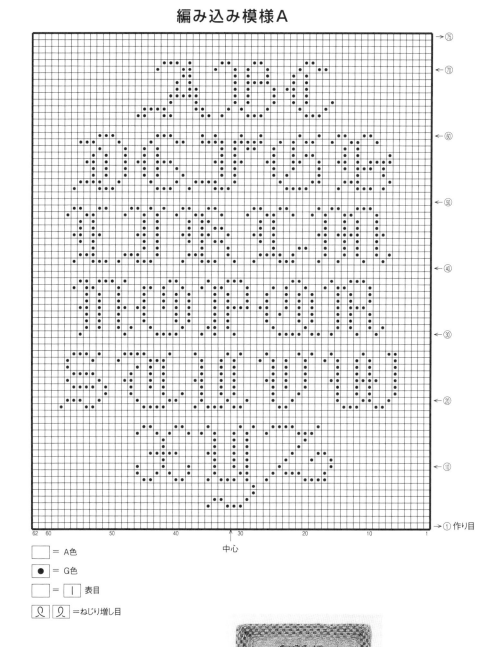

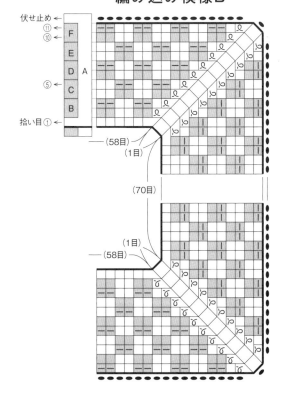

A...生成り
B...黄
C...ピンク
D...紫
E...霜降り赤
F...薄緑
G...こげ茶

編み地裏の様子

p.33

## ヒースの茂る丘・帽子

◆用意するもの
糸…並太タイプのシェットランド・ヤーン ナチュラル・ベージュ 90g。
針…棒針5号、4号、かぎ針7/0号（別鎖用）。

◆できあがり寸法
頭回り57cm、深さ20cm。

◆ゲージ（10cm平方）
模様編み 23.5目×31.5段。

◆編み方ポイント
1. 別鎖の作り目（裏の段）から編み始め、模様編みAで183段編みます。編み終わりと別鎖をほどいた目を、模様編みAの8段めのように、目なりにはぎ、輪にします。
2. 模様編みBはAの裏側を手前にして端1目内側から指定の目数を拾い、分散減目しながらトップまで輪に編みます。
3. ポンポンを作り、トップにつけます。

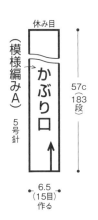
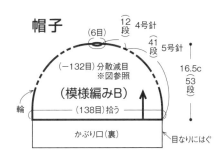

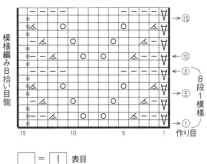
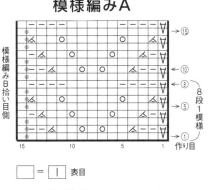

## シェットランド・レースの仕上げ方

編みあがったら、ウール用洗剤などで表示にしたがい、軽く、やさしく押し洗いにします。バスタオルなどで余分な水分を取り除き、畳やカーペットの上に、編み目の良く見えるシーツなどを敷き、その上でバランスよくピンを打ちます。透かし柄が一番きれいに見えるように微調整しながら形を整えます。その後、完全に乾くまで、2～5日ほど、そのままにしておきます。ピンをはずしてみて、スカラップが元に戻らず、形がきれいに出ていればピンをはずし、できあがりです。

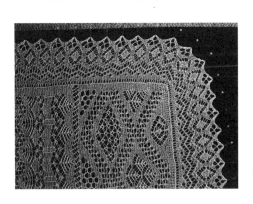

バランスよくすべてのスカラップにピンを打ちます。

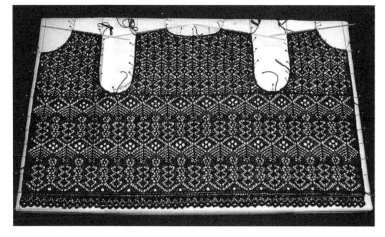

ウエアは特に張ったあとの戻りを考慮して、少しだけ大きめに、また、袖は縦のびを考慮して、少し横にのばし気味に張ります。

This original edition was published in 2007.
本書は『毛糸だま』No.119～132に連載された「嶋田俊之のトーク アバウト ニッティング」で発表した作品を新たに撮影し、エッセイをまとめ直したものに新作、未発表作品を加えて編集した2007年発行『嶋田俊之のセーターブック ニット・コンチェルト』の【復刻版】です。復刻にあたり、ベースはそのままに、作り方ページを再校正、再編集しております。また、作り方に掲載している糸、色については、当時の表記のままにしており、具体的な糸名、色番号の表記をしておりません。あらかじめご了承ください。

## 『毛糸だま』掲載タイトルと作品

| | | | |
|---|---|---|---|
| 第1回 | アラン諸島への旅1 | 甦るアラン・ニッティング | [西風に見たもの] |
| 第2回 | アラン諸島への旅2 | アラン・ニッティングの新しい風 | [ヒースの茂る丘] |
| 第3回 | シェットランド・レース1 | 糸に命を与えて | [春に寄す] |
| 第4回 | シェットランド・レース2 | 心の手で編むこと | [愛の挨拶] |
| 第5回 | ボーヒュース・スティックニング1 | 美は時を越えて　スウェーデンに散った花 | [花の手紙] |
| 第6回 | ボーヒュース・スティックニング2 | あかね雲の向こうに　シャスティン・オールソンさんをたずねて | [白夜] |
| 第7回 | ボーヒュース・スティックニング3 | 大いなる遺産と新たな挑戦に思うこと　2つの博物館の特別閲覧を終えて | [プリマヴェーラ（春）] |
| 第8回 | 棒針レースの世界 | ボサノヴァにレースは揺れて | [葉陰を渡る鐘の音] |
| 第9回 | セテスダール・コフタ | 完成された美しさを求めて | [ソルヴェーグの歌] |
| 第10回 | バスケット編みのセーター | 未来を知るバスケットたちに思いを託して… | [森は眠り] |
| 第11回 | フェアアイル・ニッティング | きれいな編み目ときれいな色合わせ… | [春の日記] |
| 第12回 | 棒針レースの世界　シェットランド・レース | 手仕事の中に祈りと安らぎをこめて | [ミルテの花] |
| 第13回 | フェアアイル・ニッティング | 色に向き合い、音に語る | [バラード] |
| 第14回 | フェアアイル・ニッティング | 新しい自分を探しに | [スケルツォ] |

## 嶋田俊之　Toshiyuki Shimada

神戸生まれ。大阪音楽大学大学院修了。パリ国立高等音楽院に短期給費研修派遣。英国王立音楽大学（ロンドン）ARCM等各種ディプロマを取得修了。その後ウィーンにも学ぶ。コンクール等での受賞を重ね、多数の演奏会に出演。学生時代よりクラフトに加えニットを始め、ヨーロッパ滞在中にニットを中心とするテキスタイルを専門的に学び、著名デザイナーのワークショップに参加、アシスタントも務める。また各地のニッターから伝統技術の手ほどきを受ける。現在は書籍、講師やテレビ出演、海外からのデザインの依頼や訳本等、幅広く活躍。フェアアイル・ニットやシェットランド・レースなどを中心とする伝統ニットをベースに、自由な作風の作品群にも人気があり、繊細な色づかいと手法で好評を得ている。2017年、2019年、トゥヴェステッド・スコーレ（手工芸学校・デンマーク）に、初の日本人講師として招聘され、デザイナーと講師を対象とするクラスを担当。著書に『ニットに恋して』『北欧のニットこものたち』『ニット・コンチェルト』（以上日本ヴォーグ社）、『手編みのソックス』『裏も楽しい手編みのマフラー』『手編みのてぶくろ』『シェットランド・レース』『バスケット編み』『ニットで奏でるエクローグ』（以上文化出版局）がある。

作品デザイン・制作／嶋田俊之
撮影／中島繁樹　姉崎 正（P38かご）
嶋田俊之（P6、22、30、36）　鈴木信雄（P47～50）
スタイリスト／田中まき子
ブックデザイン／アベユキコ　寺山文恵（復刻版）
イラスト／たけうちみわ
編集／舟生健一　曽我圭子

JCOPY ＜出版者著作権管理機構 委託出版物＞
本書（誌）の無断複写は著作権法上での例外を除き禁じられています。複写される場合は、そのつど事前に、出版者著作権管理機構（TEL 03-5244-5088、FAX 03-5244-5089、e-mail: info@jcopy.or.jp）の許諾を得てください。

●印刷物のため、実際の色とは色調が異なる場合があります。
●万一、落丁本、乱丁本がありましたら、お取り替えいたします。小社出版受注センターまでご連絡ください。
●本書の複写にかかる複製、上映、譲渡、公衆送信（送信可能化を含む）の各権利は株式会社日本ヴォーグ社が管理の委託を受けています。

あなたに感謝しております　We are grateful.

手づくりの大好きなあなたが、この本をお選びくださいましてありがとうございます。
内容はいかがでしたでしょうか？本書が少しでもお役に立てば、こんなにうれしいことはありません。日本ヴォーグ社では、手づくりを愛する方とのおつき合いを大切にし、ご要望におこたえする商品、サービスの実現を常に目標としています。小社及び出版物について、何かお気づきの点やご意見がございましたら、何なりとお申し出ください。そういうあなたに、私共は常に感謝しております。

株式会社日本ヴォーグ社社長　瀬戸信昭
FAX 03-3383-0602

## 嶋田俊之のセーターブック
【復刻版 Reprinted Edition】ニット・コンチェルト

発行日／2024年10月29日　第1刷
　　　　2024年11月26日　第2刷
著者／嶋田俊之
発行人／瀬戸信昭
編集人／舟生健一
発行所／株式会社日本ヴォーグ社
〒164-8705　東京都中野区弥生町5-6-11
TEL 03-3383-0637（編集）
出版受注センター／TEL 03-3383-0650　FAX 03-3383-0680
印刷所／株式会社東京印書館

Printed in Japan　©Toshiyuki Shimada2024
NV70785
ISBN978-4-529-06430-9 C5077

手づくりに関する情報を発信中
日本ヴォーグ社 公式サイト

ショッピングを楽しむ
手づくりタウン

ハンドメイドのオンラインレッスン
CRAFTiNG

初回送料無料のお得なクーポンが使えます！詳しくはWebへ

**【特別掲載】**

# 『ニット・コンチェルト』復刊によせて

嶋田俊之

　復刻版にあたる本書の発行年から遡るところ、初版からは17年が経ち、あわせて、日本ヴォーグ社から出版された処女作『ニットに恋して』からは、ちょうど20年の節目となりました。

　編み物に携わる日々を送ってきたなかで、仕事に関して自ら働きかけたことがない、ということは一笑に付すような自慢のひとつですが、過去に一度だけありました。それは、初めて個展を開いた時に、同社の定期刊行誌『毛糸だま』へ、イベント情報のページに載せてほしいと案内状を送ったことでした。掲載されたおかげで、見知らぬ方々にも多数ご来場いただきました。その様子はSNSなどもない時代に口伝えに広まり、後に毛糸だま編集部からの取材を受け、スペシャルインタビューと題したページに掲載されたのが2002年でした。記事に添えるように、オリジナルのフェアアイル・ニットのキット3点（カーディガン、セーター、ベスト）を依頼され制作したのですが、それらの評判がよかったこともあり、翌年から連載をしてみないかと勧められ、始めたものが本書へまとめる端緒となりました。その後は連鎖的に多方面からさまざまな企画の提案や要望をいただき、自ら宣伝活動の間もなく、目の前のことに専念し取り組む日々でした。

　すべてが順調に進んできたように思われますが、寄せられたそれぞれの依頼は、以後はないかもしれないという一期一会の気持ちと、星の数ほどいる同志の中からなぜ自分が選ばれたのかを考え、最終的に選んでよかったと喜んでいただけるように（そしてその先には、必ず読者や視聴者がいる）という気持ちが常にありました。出版に関しては、デザインから作品制作、撮影や編み図などの原稿作成と付随する幾度の校正等々、特に著者本では、同時に多数の作品を抱えながら進行するので、締め切りに関する時間的制約の中、作品のクオリティを求める緊張感のある日々が続きます。それらを、ただ楽しいと言えば嘘になりますが、役割は違えども現場で同じ釜の飯を食う人たちからの刺激を受け、ひとつ、またひとつと目を見開くような学びがあることは喜びであり、続けてこられた所以でしょう。すべてはご縁とその先のご縁の結びつきであり、これらは互いの率直な信頼と感謝をもって成り立っていると感じます。あらためて関わってくださった方々に対し深謝する想いです。

　時代は変化し、今ではインターネット上での交流の場が増え、誰もが自らの作品を発表し、時には編み図を売ることもできるようになりました。表現者としての場は格段に広がり、同時に多様な作風に触れることができるのも魅力です。面白いのは、「ニット・デザイナー」やそれに準ずる名の人が多く存在すること。というのも、私の名刺には肩書がないのです。はじめは名刺を作りもしなかったのですが、さすがに相手方に失礼にあたるので作り、その後も何度かデザインを変えましたが、その都度、肩書は入れていません。書籍をはじめとするメディアで肩書のある場合もありますが、先方が困り果てた末におのおのが付けたので、それらはしばしば違っていたはずです。周りからの提案もあって近頃始めた自身のSNSの肩書は、デザインもしくはデザインする意、のみとしていて、いまだデザイナーとは明記していません。帰するところ、私は編み物に関わりながら、自分は何者か、何をする者か、何をすべき者か、と常に思い悩んできたところがあり、自らをニット・デザイナーと呼んでよいのだろうかと問い続けています。いまだに編み物が天職であるとはまったく思いきれず、編み物をしていてよいのだろうか、とどこか納得ができていないのです。編み物の世界の中でも、もっとできることがあるのではないか、またもしかすると、次に何か別の事をするための過渡期の学びとして編み物があるのではないか、などと思いをめぐらせる時もありますが、これは幼い頃から親しんだ音楽を長く学んだ後に、編み物の世界へ移った経緯があるからかもしれません。しかし、今後どのような人生を歩もうが、少なくともごく個人的な好みとして、自分や周りの人のためにささやかに何かを編んでいる気がしています。

　本書のもとになった毛糸だま記事と、本書をあらためて読み返しました。当時と今では、ずいぶん想いに違いがあり面映ゆい気持ちです。読者の方々も、その時の私と捉えてくだされば幸いです。

　復刊までに年月が経ったので、作品のスタイルは古めかし

くも見えます。伝統ニットがベースになっているので、どこかオーソドックスな雰囲気があり、流行りのものにみる真新しさはありません。が、いまだに多くの方が編んでくださり常に復刻を願うお声があったのは、長く着用できるデザインと、その安心感からかもしれません。

今までに、大勢の方が本書の作品を編んでくださるなかで、その制作過程を見守らせていただき、そしてできあがった作品を目にする機会が幾度もありました。それと同時に、自分なりに技術的なスキルを含む経験がいくらか増したことで、初版当時に比べてコツや配慮すべき点にいっそう気付くようになってきました。これらは編み図に書ける表現を越えている部分があり、具体的な内容は、その時々、人それぞれによるので、個々に言及するのは難しいです。もし本当にすべてを書ききった編み図があったとしても、編み手の習慣的な個性や技量が違う限り、かえってより混乱を招くおそれがあり、万人に万能で完璧な編み図はあり得ないでしょう。重要な点は、それぞれの経験の中から編み図に対してどれほど気付きがあるか。すなわち編む過程の中で、編み図に書いていない仕上がりの状態や着用した時をイメージし、そこから逆算して、制作途中であるその時その時に留意点や必要事をどれほどすくい取れるかということ。これは本書の作品に対してのみならず、またシンプルか技巧的かの見た目に関係なく、すべての作品の制作にあてはまると思います。

ある曲を演奏する時に、皆が同じ楽譜を読めば同じ音楽になるはずが、音色も間の取り方もすべてが違う。そこにその人の音楽性が現れ、聴く人への印象の差が生まれる。楽譜を読み、楽譜に書かれていないことを読み取ることは、技術的だけにあらず、感覚的で常日頃の経験的な心の動きまでもが反映されてくるのではないでしょうか。編み物も、同じ作品であっても厳密にはできあがったものに、ひとつとして同じものはありません。そこに優劣はなく、編み進めている時間を含めての個々の楽しみがあり、かたちになる喜びが優先されるべきですが、完成されたものを目指すのであれば、より洞察力をもって向き合うのもよいのではと考えます。

「編み図」といえば、対照的なものとして「文章」で書かれたものも昨今見受けられるようになりました。それは例えば、3歩進んで右へ向く、というように一つ一つ細かく順を追って書かれているため、丁寧ではあるけれど全体を俯瞰しにくく、編み進んでからはじめて様子がわかる傾向にあり、その場その場での最善にまとめ上げるための読み取りは、強いていうと難しいかもしれません。特徴としては、前者は論理的で細かな調整がききやすく、後者は直感的でスリリング、という感がありますが、どちらもそれぞれのよさがあるでしょう。

作品制作について、どうしても忙しい時には助けを乞いましたが、基本的にはデザインも制作も、自らが試行錯誤をしながらやってこそ見えてくる景色があり、予想し得なかった驚くような発見や、やっていることに納得ができ、満ち足りた手応えがあるのが魅力です。それらを経験することで、後に追って制作する方々に、気を配る点などを詳密にお伝えできることも大切だと実感しています。全体像のバランスとともに、あちらこちらの細かな部分を検討し、検証してデザインと技法を決めていく。それは見えるか見えないか、直接感じるか感じないかに関わらず、全体を支配し、完成度の高い作品として実を結ぶと信じています。

本書は復刻版なので、当時のまま再刊すべきですが、作り方ページに関しては、製図、編み図のレイアウトはそのままに、すべてを校正し再編集しました。掲載作品については、個人的な好みで色やデザインを変更することも自由で、その方なりの持てる技量に応じて作品のまとめ方もそれぞれでよいでしょう。しかし、昨今の著作物の扱いについて、インターネットの広がりによりさまざまなことが容易にできるようになり、また対面の場も含め、侵害にあたるような行為やその見極めの曖昧さが露呈することが見受けられ、問題となっています。産みの苦しみを味わった多くの作家や出版社が憂慮している実態を、どうか熟思していただきたいと願っています。

復刻版ではありますが、本書が10冊目の拙著となりました。今までの作品群と時間を鑑みると、私は寡作の人間だと考えています。数は少なくても、時間をかけて個々の作品にできるだけ向き合いたかったのでしょう。今回、ふと足を止め振り返る機会をいただいたことで、現在の作風との違いや編み物に対する捉え方の変化を感じ、そして、これからの情景に想いを馳せています。この復刻版が、読者の方々の一助になるようであれば幸せです。心地よい好みの音楽に耳を傾け、また聴き終えた時の、何とも言えぬ胸を揺り動かす気持ち、胸のすくような気分、そんな心持ちになっていただける作品を、これからも制作していきたいと思っています。

2024年 秋